Luci Swindoll

50 secretos simples para
vivir feliz

50
*maneras de
aprovechar
todos los días*

GRUPO NELSON
Una división de Thomas Nelson Publishers
Desde 1798

NASHVILLE   DALLAS   MÉXICO DF.   RÍO DE JANEIRO

A mi madre, Lovell Lundy Swindoll, que falleció hace cuarenta años, a la edad de sesenta y tres, cuando estaba escribiendo un libro que nunca llegó a terminar. Dedico este en su honor. En la primera página de la Biblia que ella solía leer todos los días, tenía este versículo escrito: «Sean nuestros hijos como plantas crecidas en su juventud, nuestras hijas como esquinas labradas como las de un palacio» (Salmo 144.12). Ella oraba esto por mí y por mis hermanos, y lo creía.

Contenido

Cuarta parte: Cómo tener una vida buena

Quinta parte: Cómo mantener la conexión

❦ PREFACIO ❦

Una inmersión en los asuntos del alma

Si conocieras a Luci Swindoll, sabrías que no hay forma de describirla de una manera que le haga justicia a su mente transparente, su exuberancia, su espíritu libre y su gran corazón tierno. No voy ni a intentarlo, aun con motivo de su nuevo, enriquecedor y maravilloso libro *50 Secretos sencillos para vivir feliz*. Pero hay unas cuantas cosas que puedo decirte acerca de ella.

La he conocido íntimamente por más o menos doce años. La admiro y sí, esa fe tan profunda que tiene es una de las cosas que me fascinan, algo que me ha ayudado en sus libros a través de los años, más de lo que puedo decir. Sí, su comiquísimo sentido del humor y su pertinencia —unas veces tiernos y otras mordaces—, son tan encantadores que me hace sentir celosa y bendecida a la vez. No hay nadie más bondadoso que ella. Y, por supuesto, puede recitar improvisadamente cualquiera de los poemas más significativos del mundo, hacerlo inteligible y elegante al mismo tiempo, e impresionarte con su habilidad para memorizarse muchos de los más famosos, lo cual te tiene que encantar en una persona, sobre todo si eres alguien que ni se acuerda de quitarse las medias antes de meterse a la ducha. Aquí está ella, recitando el poema «Rumbo a Bizancio» o cualquier soneto shakesperiano, sin alardear, por el contrario, tratando de aclarar algo; y quizás el poema dé más detalles sobre un tema acerca de la fe o de la historia de lo cual estabas hablando.

Ahora, casi nunca me gusta estar alrededor de personas muy dotadas, ya que me hacen sentir un tanto incómoda. Yo nunca terminé mis estudios, mientras que ella era cartógrafa de la compañía Mobil Oil, cantaba ópera profesionalmente; además, ha leído cada una de las obras de la literatura clásica y puede comentarlas; puede hacerte reír durante la conversación e inclusive ayudarte a entenderla mejor y, encima de todo eso —como es miembro de la organización Women of Faith [Mujeres de fe]—, habla a audiencias gigantescas y ha escrito docenas de libros, etcétera, etcétera, etcétera. Da igual, como dicen los jóvenes hoy. Pero le perdono sus éxitos porque, aun cuando sea clásica, también es absoluta y activamente actualizada, y no solo me estoy refiriendo a su corte de pelo. Se mantiene al corriente en cuanto a la música, la poesía y los asuntos de nuestro tiempo, aun cuando esté recitando a Edna St. Vincent Millay. Lo cierto es que cuando estás con Luci, no estás con una persona que alardea de sí misma, sino con alguien que es instrumental para la artística genialidad vivificadora de Dios, de la misma manera en que lo es un clarinete para un concierto de Mozart.

Así que aquí está el problema: nos conocimos hace unos doce años más o menos, cuando almorcé con las señoras de Women of Faith y me enamoré de todas. Te lo aseguro, ellas hacen que cualquier mujer se derrita, por lo que quise seguirlas como un perrito a todos lados por el resto de mi vida, absorbiendo la gozosa y contagiosa sabiduría cristiana que tienen. Y además estaba Luci. Robusta, quizá rellenita y curvilínea, con un cabello blanco elegante, hermosa como una modelo, una fuente de conocimiento y fe; y aun así es una de las mejores personas que realmente saben escuchar, que me hacía reír y que claramente pensaba que yo era el pedacito de queso más gracioso y chispeante que existe en este mundo.

Naturalmente, pensé que eso significaba que éramos almas gemelas.

Y he sentido eso desde el momento en que la conocí, que tenemos una conexión especial de alma y corazón, como mujeres que nos encanta leer, reír, escribir, danzar y divertirnos, a quienes les gusta esconderse en sus estudios y viajar por todo el mundo, que aman a sus amigas y disfrutan de su devocional más que cualquier cosa en este planeta, excepto en lo que se refiere a nuestro amado Jesús.

Nos hemos convertido en muy buenas amigas. Sé que podría llamarla desde cualquier lugar del mundo para pedirle ayuda —que me envíe dinero o simplemente me escuche, para que ore conmigo y hablemos de un pasaje específico de la Biblia—, o para que me haga reír con cualquier asunto humano y alguna ridiculez nuestra. Pero eso del alma gemela es un poquito más complicado ya que resulta que ella produce ese efecto con *toda la gente*. Todo el mundo se enamora de ella. Todo el que lee uno de sus libros, quiere conocerla en persona. Todos, en cuanto la conocen o la llegan a escuchar desde el escenario, sienten esa dulce sensación de conexión, en la que pareciera que está compartiendo desde lo más sencillo y profundo de su ser, y mirando al tuyo, viendo quién eres y amándote tal como eres, sin necesidad de cambiarte ni arreglarte, ni de poner orden en tu vida. Luci es el alma gemela de todo el mundo. Ella y Jesús son los mejores amigos, por eso ella comparte su abundancia y lo más íntimo de su ternura, su curiosidad y su sentido del humor. Solo quiere expresar su asombro y gratitud por el amor de Cristo, y la luz con la cual él inspira nuestras vidas y nuestro planeta.

Por supuesto, la primera vez que me di cuenta de que ella tiene ese efecto con toda la gente, me resentí mucho. Pero solo por unos minutos. La verdad es que Luci es mi alma gemela. Lo cierto es que una persona no puede estar con ella o leer una de sus obras sin sentir que se sumerge en los asuntos del alma: en nuestras alegrías y sufrimientos; en nuestras oportunidades para vivir a lo grande, activamente; en nuestra libertad; en nuestra salvación.

—*Anne Lamott*

❴ INTRODUCCIÓN ❵

Empieza con lo básico

Me tomó mucho tiempo entender esto.

Cuando era niña, al ir creciendo con mis dos hermanos (uno me llevaba un año y el otro era dos menor que yo), nuestra madre tenía una forma de darnos instrucciones específicas que le permitía hacer sus cosas y nos alentaba a vivir de cierta manera. No creo que ella fuera consciente de ello en ese entonces pero, al convertirme en una mujer hecha y derecha, y al reflexionar en las cosas que quería que hiciéramos o fuésemos, me he dado cuenta de que nos hablaba muy a menudo con oraciones de cinco palabras, empezando siempre con un verbo. Como el verbo es la parte gramatical que requiere acción (y eso es lo que mamá quería), el mismo era la clave para que supiéramos qué es lo que ella deseaba, de modo que lo hiciésemos de inmediato: que nos fuéramos, que hiciésemos nuestras tareas, que tuviésemos buenos pensamientos, que nos comportáramos de la manera que ella nos había pedido. Pero observa que el verbo tenía que ser imperativo, ya que mamá estaba expresando un pedido o una orden.

Por ejemplo, cuando éramos niños y los varones estaban callados (demasiado, según las antenas de mamá), ella me diría con toda seriedad: «Ve a buscar a los muchachos». Justo cuando daba el primer paso para empezar mi búsqueda, ella continuaba diciéndome: «Diles que dejen de hacer eso». No importaba lo que estuviesen haciendo. La simple noción de que estaban muy callados hacía que mamá creyera que algo andaba mal, por lo que quería que yo investigara. (Muchas veces estaban jugando a la lucha libre o como decía mamá: «luchaaando».)

Cuando ya era un poquito mayor, a menudo me quejaba con mamá de que estaba aburrida. Quería hacer algo pero no sabía qué. Ella me decía con mucho cariño: «Haz algo con tus manos» y, hasta el día de hoy, una de las cosas que más me gustan es inventar y hacer cosas a mano. Años después, cuando me arreglaba para ir a estudiar a la universidad y no estaba segura de qué cosas debía llevarme, mamá me dijo: «Empieza con lo que sabes». Ahora uso eso como directriz general para casi todo proyecto: ahorrar dinero, construir una casa, tomar una decisión o escribir un libro.

Es extraño cómo uno puede pasar la mayor parte de la vida y no ver ciertos patrones que se han desarrollado a través de ese tiempo en que hemos vivido. Luego, cuando prácticamente «no estamos ya para muchos trotes», nos pega de sorpresa. Eso fue lo que me pasó hace unos dos años y de esos patrones aprendidos es que estoy escribiendo este libro. He reflexionado en las décadas en que he vivido, amado, perdido, aprendido, languidecido y reído; con ello he compilado cincuenta capítulos sencillos, clasificados en cinco partes, los cuales confío que te serán de mucha ayuda. Por supuesto que no conozco todas las respuestas para una vida feliz, pero lo que te puedo decir —de hecho— es que hay secretos sencillos. Apenas los conozcamos, la vida será muy abundante y más divertida.

El título de cada capítulo empieza con un verbo imperativo y contiene un mínimo de dos palabras. Es una premisa sencilla que confío sea fácil de leer y aplicar en tu vida. Sugiero que empecemos con lo que sabemos. Luego, cuando vayamos avanzando, llegaremos a un capítulo en cuanto a vivir llenos de gratitud, no importando nuestras circunstancias. Básicamente, la vida es lo que hacemos de ella: Los riesgos que corremos, las personas que amamos, las batallas que sobrevivimos, las alegrías que compartimos y las instrucciones que tomamos a pecho. Como dijera Ralph Waldo Emerson: «La vida es una serie de lecciones que deben ser vividas para poder entenderlas».

PRIMERA PARTE

Empieza con lo básico

{ UNO }

Honra a tu padre y a tu madre

La mayoría nos sabemos eso de memoria aunque no recordemos dónde lo escuchamos por primera vez. Es principio del quinto mandamiento, que se encuentra en el capítulo 20 de Éxodo. Te lo habrás aprendido en tu niñez, pero saber este versículo de memoria y practicarlo, son dos cosas diferentes. Sin embargo, es un principio básico en lo que se refiere a disfrutar una vida feliz. Lo interesante es que el mandamiento es para los hijos, no para los padres, y como todos somos hijos de padres, este versículo es para todos.

Inicialmente, pensé que este versículo significaba: «Respeta a tu mamá y a tu papá». Pero ahora me doy cuenta de que mostrarles honra es algo mucho más grande que expresarles *respeto*. La palabra, en el lenguaje hebreo original, significa: intenso, abundante, noble y glorioso, y se empleaba comúnmente en referencia a la gloria de Dios. Por lo tanto, manifestar honor al padre o a la madre de uno, significa que (los niños) reconocen las grandes responsabilidades que implica la crianza de ellos.

El apóstol Pablo reiteró este mandamiento en el capítulo 6 de Efesios, en los versículos 2 y 3: «Honra a tu padre y a tu madre, que es el primer mandamiento con promesa; para que te vaya bien, y seas de larga vida sobre la tierra». Aquí la palabra honor, en griego, significa: Mostrar gran estima; reverenciar. Me parece que este mismo pensamiento es provocador y ahora entiendo que existen varias razones por las que esta instrucción poderosa es parte de los Diez Mandamientos.

En primer lugar, este mandamiento conserva el principio de autoridad, sin el que no hubiésemos tenido una sociedad que funcionara. La primera vez que un niño observa la autoridad es en el hogar, si esta es anulada o ignorada, lo más seguro es que se convierta en una persona irresponsable, y la irresponsabilidad conduce a una vida y a una sociedad caótica.

En segundo lugar, digamos que cuando estabas creciendo no querías mucho a tus padres. Amar a una persona no es lo mismo que honrarla. Todo lo que la honra pide es que se respete la posición de nuestros padres aunque no nos gusten sus personalidades, sus estilos de vida, ni sus ideas políticas. Es lo mismo que respetar al presidente del país solo por el cargo que tiene. La posición misma inspira honra.

Y en tercer lugar, cuando hay honra por parte de los hijos, esta se va a manifestar en acciones que protegen, que generan cuidado y bondad, que muestran generosidad, hasta que hacen más que lo necesario, aunque no haya reciprocidad por parte del padre o de la madre. En otras palabras, cuando los padres envejecen, y no pueden valerse por sí mismos, tú (como su hijo o hija) los vas a honrar al cerciorarte que están recibiendo el cuidado necesario de una manera sana y segura. Aun cuando tus padres no sean creyentes, es posible que —cuando los honras de esta manera—, una puerta se abra en sus corazones hacia Dios debido a tu bondad y a tu deseo de mostrarles gran estima.

Tengo una querida amiga que es creyente. Es hija única y su madre es absolutamente incrédula y réproba en todo el sentido de la palabra. Hasta donde sé, nunca se ha responsabilizado de cuidar a su hija, a sí misma, ni a ninguna otra persona. Nunca. Actualmente está viviendo en un asilo de ancianos. No obstante, mi amiga no ha dejado de cerciorarse, ni por un momento, de que su madre tenga los cuidados que necesita durante la vejez. Aunque sus creencias y estilos de vida sean totalmente diferentes, esto es muy honroso para su madre. La hija cuida de su mamá por obediencia a Dios. Ella ha fijado límites sabios y prudentes en cuanto al cuidado que le provee, haciendo lo que su madre necesita sin dejar que esta controle el dinero, el tiempo o la relación.

Veo la provisión de Dios para ambas en muchas maneras. Mientras mi amiga cuida de su madre, Dios cuida de mi amiga y «le va bien a ella», aunque a veces pueda ser confuso y doloroso. Creo que es muy posible que, a través de la bondad de mi amiga, su madre —en última instancia— vea su necesidad de tener a Dios en su vida e invite a Cristo a vivir dentro de su corazón. ¿Quién sabe? Dios trabaja de maneras misteriosas para traernos a su reino. Todo es posible.

DOS

Sé puntual en todo

Cuando me gradué de la universidad en la primavera de 1955, fui a trabajar a un orfanato donde enseñaba deportes acuáticos durante el verano y arte durante el otoño. La mayoría de los maestros eran novatos, acabados de graduarse, pero nos hicimos muy amigos ya que todos vivíamos en un apartamento cercano que estaba afiliado a la escuela. Fue una época divertida en la cual cada uno de nosotros apenas estábamos consiguiendo nuestras amarras en lo referente a nuestras carreras profesionales y cómo iban a influenciar nuestro futuro. Todos contribuíamos mucho. Teníamos al mundo agarrado por la cola y estábamos listos para contestar cualquiera pregunta que se nos hiciera.

Una noche, Beverly —la maestra de música— y yo estábamos platicando de manera informal cuando me invitó a desayunar a su apartamento el próximo sábado. Beverly dijo algo así como: «Ven a mi casa y te haré un desayuno sofisticado».

Sin pensarlo dos veces, ni tener realmente intenciones de ir, le respondí: «¡Seguro!» La invitación me entró por un oído y me salió por el otro. Así que el sábado, como no era totalmente conveniente para mí ir allá a desayunar, resolví quedarme en mi casa. Decidí ir a la casa de Beverly más tarde y cuando abrió la puerta noté que había estado llorando.

«¿Dónde has estado, Luci?», me preguntó. Entonces empezó a contarme que esa mañana había preparado una receta gastronómica, algo que pensaba que realmente me iba a gustar y que había estado anhelando nuestro tiempo juntas toda la semana. Como no llegué, ella pensó que tal vez me había enfermado, o herido, o quizá simplemente me había olvidado. Me disculpé con mucha pena y desazón. Le confesé que me había acordado de su invitación pero que no la tomé en serio. Hice mal. Aceptó mis disculpas y su respuesta fue gentil, pero podía ver que estaba muy herida.

Esa experiencia me enseñó una gran lección en cuanto a cumplir mis promesas. Ya sabía que el no ir a su casa, era una mala idea. Después de todo, mi papá siempre insistió en que sus hijos fuesen diligentes, corteses y puntuales en todo. Pero por alguna razón, eso no pareció tener importancia ese día. Lo que se ha quedado clavado en mi mente durante todos estos años es la pregunta de Beverly: «¿Dónde estabas Luci?»

Aquello me hizo darme cuenta cuán importante es prestar atención. Me enseñó a escuchar lo que alguien dice y cómo le estoy respondiendo. Si no estoy seria o prestando atención, aunque sea una conversación casual, no es justo para la otra persona, ¡que quizás me esté invitando a hacer algo interesante o divertido! No quiero desilusionar a nadie más como lo hice con Beverly, ni que se queden esperando por mí, pensando y preguntándose: *Ella dijo que iba a venir... pero, ¿dónde está?*

Para asegurarme de ser puntual con todo lo que me comprometo, tengo la costumbre de atender, concentrarme en la conversación, realmente escuchar las palabras del interlocutor, aclarar cuando no entiendo algo y conectarme por completo con lo que sea que esté haciendo o con quien esté conmigo. Siempre. Todo el tiempo.

Al fin, lo que empezó como un esfuerzo consciente, se convirtió en una pauta normal y en un hábito; hoy me sirve como un secreto que me ayuda a ser puntual en todo. Enfocarme firmemente en lo que me están diciendo no siempre es fácil, pero siempre es gentil.

La siguiente es mi lista principal para estar completamente presente durante una conversación:

- Asegurarme de que escucho.
- Asegurarme de que entiendo lo que se me está comunicando.
- Asegurarme de que comprendo bien lo que está involucrado antes de comprometerme a algo.
- Asegurarme de que puedo hacer lo que digo que voy a hacer.
- ¡Asegurarme de llegar a tiempo!

Me acuerdo de esta lista porque empezó con Beverly, un nombre que empieza con B, y me recuerda la palabra ve. Ese pequeño verbo es muy poderoso. Ve conlleva movimiento. Significa estar vivo, por dentro y por fuera. Pero es nuestra decisión *cuánta* vida queremos tener, cuán responsables, enfocados y, en última instancia, cuán fidedignos queremos ser.

Shakespeare tenía razón cuando dijo: «Ser o no ser: Esa es la pregunta». Uno de los secretos sencillos para vivir una vida feliz es *ser* puntual en todo.

{ TRES }

Lleva a Jesús dondequiera que vayas

Casi no recuerdo un día —de mi infancia— en el que mi madre no estuviese cantando por algún lugar de la casa. Tenía una voz de soprano muy hermosa y cantaba espontáneamente. No solo cantaba, en ocasiones danzaba por el corredor con la música de la radio, o agarraba y bailaba un vals con la escoba en la cocina como si fuese su pareja. Algunas veces, mientras cantaba, nos animaba para que uno de nosotros añadiésemos armonía. Se sabía muchos himnos de memoria, los cantaba a menudo y con entusiasmo, mientras estaba cocinando o haciendo sus labores.

Me acuerdo muy bien que uno de sus favoritos era un himno antiguo titulado: «Lleva el nombre de Jesús contigo». Mamá creía cada palabra que cantaba:

Lleva el nombre de Jesús contigo,
Hijo triste y afligido;
Porque te dará gozo y consuelo,
Llévalo, pues, dondequiera que vayas.

Nombre precioso, ¡Oh, cuán dulce!
Esperanza terrenal, gozo celeste,
Nombre precioso, ¡Oh, cuán dulce!
Esperanza terrenal, gozo celeste.

Es interesante observar que el solo escribir esas palabras, crea una imagen en mi mente de algo que sucedió hace más de sesenta años. Lo puedo ver con claridad. Me acuerdo que iba rumbo a la escuela mientras mamá entonaba esa canción; cuando me despedí de ella, miró sobre su hombro y me dijo: «Lleva a Jesús contigo, cariño».

Supe, instintivamente, que mamá quería asegurarme que Jesús iba a estar conmigo a pesar de lo bueno o lo malo que sucediese ese día. Iba a estar conmigo en mis pensamientos y en mis acciones, mientras caminaba hacia la escuela, por los corredores, en mis clases, cuando hablara con mis amistades o cuando contestara las preguntas de la maestra. Él iba a estar conmigo en la cancha cuando estuviese jugando voleibol después de la escuela o cuando me reuniese con el equipo de natación. Mamá quería que supiese que al regresar de la escuela, Jesús iba estar delante de mí, protegiéndome y trayéndome a casa a salvo. Ella no quería que perdiese ni un minuto del día sin estar consciente de su presencia. Aunque estaba a punto de salir de la casa esa mañana, no estaba sola. Nunca lo estaba.

Ahora que reflexiono en los muchos años que he vivido, puedo decirte que es una de las mejores lecciones que mamá me enseñó en la vida. Ella ni tenía idea de la herramienta tan valiosa que me dio cuando casualmente lanzó esa frase.

O quizá sí.

Confiar que Dios estaba con ella (y con su familia), parecía algo muy natural para mamá. Ella era estudiante de su Palabra y se apoyaba en la fidelidad de él. No se preocupaba, inquietaba, ni sentía temor. Creía en Dios y sabía que podía confiar completamente en él. No solo lo «predicaba», sino que lo vivía y lo cantaba con confianza. Lo que vi primeramente en mi madre, lo vine a experimentar en persona; no tengo dudas de la soberanía de Dios ni de su fidelidad, tampoco he visto a mis hermanos dudar al respecto. ¿Cómo lo explico? Habrá muchas razones, pero ciertamente una de ellas es la seguridad de la fe en Dios que nuestra madre confirmaba tanto con sus palabras como por su ejemplo. Ella reflejaba la verdad de Colosenses 3.16 y 17:

La palabra de Cristo more en abundancia en vosotros, enseñándoos y exhortándoos unos a otros en toda sabiduría, cantando con gracia en vuestros corazones al Señor con salmos e himnos y cánticos espirituales. Y todo lo que hacéis, sea de palabra o de hecho, hacedlo todo en el nombre del Señor Jesús, dando gracias a Dios Padre por medio de él.

CUATRO

Hazles saber a las personas que te interesan

Hace varios meses, Mary Graham y yo estábamos hablando acerca de la amabilidad, de cómo tener un espíritu tierno y de mostrar interés en los demás. Le pregunté cuál era la persona más bondadosa que había conocido en su vida. Como Mary está en sus sesenta y ha tenido una vida larga y plena, alcanzando a miles de personas a través de Campus Crusade y ahora es presidenta de Women of Faith, apenas podía aguantar las ganas de saber qué me iba a responder. Después de unos pocos minutos, me dijo:

—Tengo que decir que es Thidwick.

—¿Quién?

—*Thidwick*, el alce de gran corazón, escrito por el doctor Seuss.

—¡Tienes que estar bromeando! ¿Existe un alce llamado Thidwick?

—¡Sí!, el doctor Seuss escribió un libro acerca de él, hace sesenta años. Me lo memoricé en la secundaria. Es un poema que relata la historia de

Thidwick, que dejaba que todos los animales pequeños vivieran gratuitamente en sus cuernos. Había un insecto, una araña, un par de pajaritos, cuatro ardillas, un lince, una tortuga, etcétera, etcétera. Hasta un zorro, un oso grande y todo un enjambre de abejas. Thidwick tenía un corazón tan grande que no podía decir no, tanto que todos se mudaron y lo invadieron por completo. Les contaba este poema a todos mis sobrinos y sobrinas a través de los años cuando los cuidaba porque tiene una moraleja, aunque al final, Thidwick lleva el concepto demasiado lejos.

Me gustó mucho el hecho de que Mary conocía ese libro y que contestó mi pregunta con un alce. (¡A un alce regalado no le mires el dentado!) Ser dulce, generoso y compasivo con los demás es casi un arte perdido en el mundo de hoy. Aunque haya muchas Escrituras que hacen referencia a la bondad, ser bondadoso requiere tiempo y muy poca gente quiere darlo. Mateo 5.7 dice: «Bienaventurados los misericordiosos, porque ellos alcanzarán misericordia». Y en 1 Corintios 13 se nos recuerda que: «El amor se interesa más en otros que en uno mismo».

Pero la historia de Thidwick enseña otra verdad en cuanto a la bondad que tal vez sea más importante y que conduce a una vida aun más feliz. Y es aprender a cómo decirle que no a la gente que quiere aprovecharse de nosotros cuando somos bondadosos. El grupo de animales que estaba viviendo en sus cuernos querían demasiado. Ellos eran los que mandaban, le decían a dónde ir y qué hacer, e invitaban a más «huéspedes» a vivir con ellos.

Algunos somos así. Nos mudamos e invitamos a otros para que vengan con nosotros. O permitimos que otros vengan a vivir con nosotros e inviten a otros huéspedes.

¿Dónde está el equilibrio entre ser bondadosos y cuidadosos? ¿Dónde está la línea límite? Como personas amables, cuando dejamos que otros abusen y se aprovechen de nosotros, nos metemos en un lío sin darnos cuenta. Eso fue lo que le sucedió a Thidwick:

No podrías decirles «fuera», porque eso no sería lo correcto.
No podrías decirles «lárguense», porque no sería educado.

Así que, ¿cuándo es que se debe trazar el límite? Cuando nuestro grado de bondad afecte negativamente nuestra cualidad de vida e inadvertidamente invite el descuido de las otras personas. El doctor Seuss mismo dijo una vez: «A menos que alguien como tú esté extremadamente interesado, nada va a mejorar».

Eso es verdad, pero se requiere equilibrio; así como se ilustró de manera hermosa en la vida de Thidwick. Para poder hacer dos cosas simultáneamente (y esto se puede lograr), tenemos que darle la historia entera a Dios, que es el que nos da equilibrio. Para tener una guía, lee la promesa que está en el Salmo 91.14-15: «Por cuanto en mí ha puesto su amor, yo también lo libraré; le pondré en alto, por cuanto ha conocido mi nombre. Me invocará, y yo le responderé; con él estaré yo en la angustia; lo libraré y le glorificaré».

Como cristianos, debemos ser amables unos con otros y bondadosos. Pero aunque la Palabra de Dios nos instruye a poner las necesidades de otros delante de las nuestras, también nos recuerda que tenemos que cuidarnos a nosotros mismos, como sus queridos hijos a quienes creó con amor. Eso significa que debemos tener equilibrio mientras mostramos bondad, con prudencia.

{ **CINCO** }

Aprende a organizar tus cosas

Si tus cosas no están organizadas, eso puede enloquecerte. Yo, simplemente no puedo concentrarme cuando las cosas están desordenadas: cuando mis archivos están desorganizados, mi armario está hecho un caos o tengo platos sucios en el fregadero. Puedo tratar de ignorarlos, pero son una gran distracción. Todo lo que puedo pensar es en ordenar las cosas. Llámame loca, pero es la verdad. La gente a menudo me pregunta cómo me las arreglo para mantener "el orden en mi cancha". Si eres una de esas personas, te ofrezco media docena de ideas que pueden ayudarte:

1. *Decide qué es lo que quieres organizar y encuentra tiempo para hacerlo.*
   Aparta un tiempo para decidir qué es lo más importante que debes guardar, qué puedes archivar y qué debes echar a la

basura. Empieza con eso. No te apresures. Mira todo lo que has atesorado todos estos años y asegúrate de que todavía es importante para ti. Aunque te tome semanas o meses completar esta tarea, va a valer la pena. Si decides quedarte con algo, decide allí mismo en qué lugar lo vas a guardar. No lo dejes para después.

2. *Haz unas listas, síguelas cuidadosamente y marca las cosas que completaste.*

Las listas te mantienen en orden y conservan tu mente intacta. Escribe dónde pones las cosas, qué quieres almacenar y qué tiene importancia para ti. Puedes guardar la lista en tu iPhone o en tu Blackberry, pero escríbelas en algún lugar. Con una vida tan ocupada, ¿cómo nos acordamos de las cosas sin tener una lista?

3. *Limpia las áreas más pequeñas primero para que sientas que has logrado algo.*

Esta es una de mis maneras favoritas de organizar las cosas y más ahora que estoy avanzando en edad. He aquí el porqué: Porque poco a poco, todo se termina. Y, en cualquier caso, lo que no queda terminado, probablemente no era importante. Cuando nos adelantamos mucho al futuro, es desalentador. Así que trabaja un rato, luego detente y saborea tu pequeño éxito.

4. *Crea un lugar para determinadas cosas y ponlas allí nuevamente cuando termines de usarlas.*

Digamos que tu alhajera está desordenada. Compra cajas plásticas con compartimentos y separa el oro de la plata, o la joyería hecha a mano de la fabricada con máquina, o divídela de cualquier otra forma que te parezca lógica. Pon tus joyas en esas cajas y coloca estas en el gavetero. Una vez que uses un par de aretes, ponlos otra vez donde van cuando te los quites. Lo mismo es con los libros, los discos compactos, las fotos, las cartas, lo que sea. Si es importante para ti, dale un lugar apropiado.

5. *Perdónate por los días en que no estés organizada, pero no te acostumbres a eso.*

Como eres un ser humano en un mundo deshecho, no vas a estar organizada cada día de tu vida. Favorécete. Es como montar en bicicleta. Aunque te caigas, nunca piensas: *Bueno, esto simplemente no es para mí. No voy a intentarlo nunca más.* Al contrario, vuelves a intentarlo, sabiendo que todo es parte del proceso. Sigue adelante y, con tiempo, te vas a caer menos.

Este es el punto: Si nos desilusionamos y nos quedamos allí, nunca nos vamos a organizar porque lo divertido del éxito se va a enterrar bajo la carga de la dilación o la depresión.

6. *Celebra y regocíjate con los desórdenes que has arreglado.*

Me aficiona divertirme. La vida es muy difícil sin ir a fiestas, o gritar, o bailar, o visitar o reír de vez en cuando. Después de limpiar un desorden, invita a tus amigos o a tu familia para que vean lo que hiciste. Toma fotos «antes» y «después», y ponlas en tu diario, tu Biblia o en tu espejo. Limpiar algo es una razón enorme para festejar. Cuando tengo un proyecto grande que organizar, pongo una música estupenda, y me pongo a silbar o bailar mientras trabajo.

Veamos el aliento bíblico para estar organizada: «Pero hágase todo decentemente y con orden» (1 Corintios 14.40). No solo eso, la Biblia especifica que pagar impuestos es un paso para vivir organizada. Lee Romanos 13.5-6 (NVI) que dice: «Así que es necesario someterse a las autoridades, no solo para evitar el castigo sino también por razones de conciencia. Por eso mismo pagan ustedes impuestos, pues las autoridades están al servicio de Dios, dedicadas precisamente a gobernar».

{ SEIS }

Cumple tus promesas siempre

Cumplir tu palabra todo el tiempo depende de lo íntegro que seas, la integridad es una moneda de dos caras. Una cara refleja el respeto que tienes hacia otro individuo y la otra cuánto respeto tienes hacia ti misma. Las dos caras son reflejadas en las palabras de Jesús que se encuentran en Lucas 6.31: «Y como queréis que hagan los hombres con vosotros, así también haced vosotros con ellos».

Cumplir tu palabra significa que vas a hacer lo que dices que harás. ¿Y no es eso lo que queremos de otras personas también? Si una amiga, o un contacto de negocios, promete que va a hacer algo, queremos que cumpla esa promesa.

La importancia de ser una mujer que cumple sus promesas me fue confirmada cuando, después de haber trabajado por veinte años como artista delineante para Mobil Oil Corporation (mucho antes de convertirse en Exxon Mobil), fui promovida a una posición ejecutiva como gerente de paso preferente y reclamos para la división de oleoducto de la costa oeste. Aunque me sentí honrada y entusiasmada por la oferta, tengo que admitir que también estaba aterrorizada en cuanto a qué conllevaría hacer un trabajo de esa magnitud.

¿Podría hacerlo? ¿Tenía la inteligencia para dirigir una división? ¿Estaba lo suficientemente capacitada como para tomar decisiones que afectarían no solo mis propios criterios, sino los de la compañía entera?

Sabía que era una buena empleada ya que de ninguna manera me habrían dado esa oportunidad si no hubiese demostrado años de puntualidad y dedicación. Pero ¿ejecutiva? Eso cambió totalmente el panorama.

Al contemplar la oferta de Mobil, decidí llamar a mi amiga Marta, profesional en relaciones públicas, y pedirle su opinión en cuanto a tomar mi nueva posición. Marta era una empleada experimentada, cuya vida comprobaba muchísima integridad. Confiaba en su juicio y sabía que ella me daría una respuesta honesta.

Al plantearle la situación, ella me escuchó y me animó entusiasmada a que tomara el trabajo. «Te cae perfectamente», dijo ella. «Te gusta la gente, trabajas duro, no les temes a los cambios, te fascinan los retos y vas a ser la primera mujer en una posición de gerencia en esa división. ¡Hazlo!» Luego añadió este punto clave: «Solo acuérdate de estas dos cosas: No temas hacer preguntas y nunca firmes algo hasta que estés segura».

Nunca he tenido miedo de hacer preguntas, así que eso era pan comido. Fue la segunda parte del consejo de Marta la que estaba resonando dentro de mí: *Nunca firmes algo hasta que estés segura.* Ella me estaba recordando que cuando firmaba estaba prometiendo algo. Estaría diciendo: «Sí, voy a hacer esto». O en este caso: «Voy a asegurarme de que mi compañía haga esto». Tenía que estar segura de que entendía lo que estaba prometiendo para que pudiese cumplir mi promesa cada vez.

Todo sonaba igual a mi propia filosofía, la cual había vivido toda mi adultez: «Di lo que quieres decir y cumple con lo que digas».

Al juntar todos esos pensamientos, sentí un incremento de confianza repentino, sabiendo que *podía hacer el trabajo*.

Y lo hice. Ese trabajo abrió un mundo nuevo para mí, tanto en mi vida profesional como en lo personal. ¡Me encantó! Pero cada vez que iba a finalizar un acuerdo o un contrato, me aseguraba de que entendía todo lo que conllevaba, porque estaba dando mi palabra de honor y siempre quería cumplir mi promesa.

Aún hoy, después de haberme jubilado hace ya mucho tiempo, soy muy cuidadosa antes de firmar cualquier documento. Lo leo minuciosamente y determino si tengo confianza y lo entiendo completamente antes de firmar. Después de todo, es mi nombre lo que le da validez al acuerdo. Si lo firmo, significa que voy a cumplir mi palabra.

No te sorprenderá leer la fuente de este secreto simple pero poderoso. Está allí mismo en el Salmo 15.4-5 (NVI): «cumple lo prometido aunque salga[s] perjudicado...no [aceptes] sobornos que afecten al inocente. El que así actúa no caerá jamás».

SIETE

Haz algo con tus manos

Si me acuerdo correctamente, empezó en el sexto grado. Ese año para la Navidad, conseguí un juego de piezas armables Lincoln Logs, uno de los mejores regalos que he recibido en mi vida. Con esos troncos pude construir puentes, edificios y carreteras. ¡Me sentí como si estuviera en el cielo!

Viendo la dedicación que tenía con los troncos, mi familia y mis amigos me regalaban juegos de pintar, modelos para aviones y barcos, Legos, álbumes de recortes y resmas de papel con los cuales podría construir cometas o usar para dibujar. Hacer algo con mis manos fue una manera fascinante de crecer. Y todavía me siento así, sesenta y ocho años después de mi primer juego de Lincoln Logs.

¿Qué es lo que tienen las cosas hechas a mano que me fascinan tanto?

Primero, me encanta la sensación de logro y nada me da esa satisfacción como hacer cosas con mis manos.

Segundo, es un reto. Quiero ver si lo puedo hacer.

Tercero, me gusta mucho descifrar las cosas... sentir la emoción de cómo unir las partes para crear movimiento, chirrido o reacción.

¿Puedes creer que hace unos años, tres amigas diferentes me regalaron el mismo libro para mi cumpleaños: *Cómo funcionan las cosas*, escrito por David Macaulay? Lo he leído de principio a fin y me fascina. (Y ese mismo año, para la Navidad, me regalaron dos copias del libro titulado: *The Way Things Really Work* [La manera en que las cosas realmente funcionan].)

Daría cualquier cosa por tomarme un año de vacaciones y no hacer nada más que regalos para que cada vez que le diese un presente a mis amigos o a miembros de mi familia, fuese uno que hubiese hecho a mano. ¡Ay, caramba! Eso me encantaría. Quizás esta idea viene de un incidente de hace muchos años cuando le di a mi amiga Ruth un regalo de cumpleaños y en el momento que lo recibió me preguntó con mucha sinceridad: «¿Hiciste esto Luci?»

Y respondí: «¿Y qué si no lo hice?»

Con toda la seriedad del mundo, y sabiendo completamente que no lo hice, ella dijo: «Te voy a dar otra oportunidad».

Mi mamá me enseñó a hacer cosas, ella era una maestra fabulosa: artística, minuciosa, divertida y extremadamente creativa. Mamá tenía la reputación de hacer todo. Estaba parada con ella un domingo en la iglesia, cuando una mujer le dijo que le encantaba el perfume que ella estaba usando. Lo hiciste tú misma, ¿verdad?

A mi familia le pareció muy gracioso eso, no solo porque era una pregunta tan afirmativa, sino porque había tanta verdad en ella que mamá pudo haberlo hecho si se lo hubiese propuesto.

Mi papá también era un fabuloso constructor de cosas y maestro: paciente, experimentador, ingenioso y alentador. Dibujaba caricaturas sobre un pequeño cuaderno y luego me pedía que dibujara una.

Escribía letras hermosas y me enseñó cómo hacerlo antes de entrar en primer grado. Hasta el día de hoy, imprimo notas en vez de escribirlas en cursivas.

Mi papá también me dio mi primera caja de herramientas, que hacía juego con la grande que él tenía. Una vez más, me sentí como que si estuviese en el cielo. Juntos, papá y yo reparábamos relojes, inodoros, puertas para garajes, patines y varios artefactos alrededor de la casa.

En 1983, el primer mensaje que di públicamente como oradora profesional, fue acerca de un joven que (con un amigo) hizo algo con sus manos en el garaje de sus padres. Ese joven fue el difunto Steve Jobs, y ese algo fue la primera computadora Apple. Mira hasta dónde lo llevó ese diseño.

¿Y qué sobre Dios? Mira lo que él hizo a mano: ¡Todo! Él es el mejor maestro. Su creatividad es ilimitada. Isaías 48.13 nos dice: «Mi mano fundó también la tierra, y mi mano derecha midió los cielos con el palmo; al llamarlos yo, comparecieron juntamente».

No tenemos manera de conocer lo que Dios tiene reservado para nosotros si solo usáramos nuestras manos; plantaríamos ideas y sueños, y luego los veríamos echar raíces.

OCHO

Haz toda tu tarea primero

¿Sabías que existe un sitio web llamado Cramster.com? En este sitio puedes insertar cualquier pregunta sobre tu tarea y te da la respuesta. ¡De veras!

Debes estar pensando: *Me hubiese gustado saber esto hace mucho tiempo cuando estaba...* Yo no. Aun cuando era una niña en la escuela, no hubiese tenido la tentación de no hacer mi tarea. Me fascinaba. No estoy bromeando. Tenía pasión por aprender, investigar, leer, escribir y estudiar. Eso estaba en mi ADN. Empezaba apenas llegaba a la casa y no me movía hasta que terminara por completo.

Aunque me encantaba aprender, de vez en cuando, el gozo que sentía al hacer mi tarea era más que eso. Cuando era niña, estaba primordialmente motivada solo por terminarla. Aún ahora, cuando tengo algo que hacer, casi ni puedo descansar hasta terminar. Me encanta jugar, holgazanear, visitar, viajar y disfrutar miles de cosas en la vida, pero cuando se trata de finalizar algo, quiero hacerlo. Soy lo que mis hermanos llaman «una terminadora». Mis amigos me dicen bromeando que terminar es mi sentimiento favorito porque mi vida es ordenada por la disciplina. Ellos dicen que tengo una glándula hiperactiva de responsabilidad. Tal vez la tenga, pero sea lo que sea, terminar algo me da mucha satisfacción.

Esa clase de disciplina empezó en la primaria. Si me acuerdo correctamente, comenzó haciendo la tarea porque me sumergía en ella apenas entraba por la puerta.

Estoy muy agradecida porque mis hábitos de estudio fueron establecidos y bien desarrollados en ese entonces, por eso ahora nunca llego tarde a una reunión, una cita, un vuelo, un pago o un fin de plazo. De alguna manera, siempre he sabido que las responsabilidades de la vida no se administran por sí solas, así que si no fuésemos intencionados, pudiésemos terminar desarreglados, desordenados, desilusionados y descontentos.

La gente me pregunta a menudo cómo es que soy tan organizada. Seriamente, pienso que es porque empecé a muy temprana edad y me mantuve así, hasta tan recientemente como esta mañana. Me fascina la sensación del logro y me encanta ser responsable. Mis padres me lo inculcaron y honraban esa característica mientras se estaba desarrollando en mí. Florecí en ese ambiente.

Básicamente, la tarea escolar nos enseña dos cosas: disciplina y desarrollo. Vamos a estar lidiando con esas cosas toda la vida. No me preguntes cómo lo sé; solo créeme que lo sé.

Toma la disciplina, por ejemplo, que tiene que ver con la obediencia y el entrenamiento. Si hacemos algo muy a menudo, se convierte en un hábito. Crea una vida ordenada. No aburrida, sino ordenada. Cuando llegamos de la escuela y hacemos la tarea lo más pronto posible, estamos extendiendo la mentalidad que ya hemos establecido en la escuela.

No estoy diciendo que nos ayuda a tener mejores notas (más a menudo, mis dos hermanos conseguían mejores notas que yo). Lo que estoy diciendo es que si tenemos la responsabilidad de terminar la tarea apenas llegamos a casa cuando somos pequeños, eso nos ayuda a ser disciplinados cuando seamos adultos. La disciplina es una elección, no un sentimiento, y nunca estamos muy viejos para elegir hacer lo que es correcto.

Luego viene el desarrollo: Una vez que tenemos el hábito de hacer lo que es correcto, la disciplina se convierte en parte de nuestra naturaleza. Si lo hacemos por mucho tiempo, se convierte en un estilo de vida. Y con mucha más frecuencia, saca a relucir las capacidades y posibilidades de una vida mejor. Creo que para tener una vida abundante, significativa, agradable y feliz, uno tiene que tener autocontrol e iniciativa. Esas características vienen con la disciplina, la que lleva al desarrollo.

Pienso que sería interesante preguntarle a Cramster.com, cómo puede uno desarrollar el buen arte de la disciplina, ¿no crees? ¿Quién sabe? Quizá la respuesta sea: Haz la tarea primero.

NUEVE

Trata a la gente con amabilidad

Hace unos años, estaba parada frente a un lavado de autos que estaba en mi vecindario en California, mirando ociosamente el tráfico en la vía pública mientras esperaba que revisaran mi auto, me lo lavaran y pulieran, cuando un auto rústico viejo, golpeado y sucio, llegó a la entrada de vehículos, conducido por un tipo que no se había afeitado por semanas, ni se había cortado el pelo en meses, estaba totalmente descuidado; en todo el sentido de la palabra. En la parte trasera de su Land Rover estaban cinco niños que se veían igualitos al conductor (solo que sin barba). Había tres niños y dos niñas entre los cuatro a diez u once años de edad. Es muy difícil ver a tantos niños (especialmente con un hombre) y que no te llame la atención completamente.

Cuando el auto se detuvo, el conductor salió y caminó hacia la parte de atrás, abrió la puerta trasera y empezó a sacar a los niños del auto, uno por uno. Observé cuidadosamente el proceso completo y quedé absolutamente sorprendida por ese hombre y sus niños. Cada uno de ellos lo llamaba «papito», nunca en mi vida vi a una persona más amable que él. Abrazaba a los pequeñines mientras que ellos le daban besitos en la mejilla y se reían. Y los mayores bromeaban y soltaban risitas, aunque eran sumamente obedientes. Estuve allí encantada por sus interacciones. Eso me derritió el corazón y lo primero que pensé fue: *No juzgues un libro por su portada, Luci*; una lección que aprendí de mi papá cuando era niña.

Poco después, cuando todos los niños estaban fuera del auto, se sentaron uno por uno en un asiento largo, todos queriendo «el mejor puesto» al lado de papá. Para ese momento, el auto rústico ya estaba en el área de lavado y, mientras la familia estaba esperando, todos empezaron a entonar una cancioncilla que se habían memorizado. El papá no levantó la voz ni la mano ni una sola vez. Fue muy tierno con esos niños y, aun así, los mantuvo en línea debido a que estaba totalmente presente y conectado con cada uno de ellos. Su conexión se desbordaba en la interacción que tenían los unos con los otros. Eran lo que solíamos llamar una familia feliz.

Nunca me olvidaré de esa escena. Captó un lugar en mi corazón para siempre. Me cautivó la forma en que el papá trataba a esos niños. Y su amabilidad con ellos tuvo que ser contagiosa porque eran muy dulces y atentos entre ellos mismos. ¿Cuándo ves esa clase de comportamiento en público?

El atributo favorito que veo en la gente es la amabilidad. Me derrite cada vez que lo veo y lo encuentro contagioso. Me gusta ver eso más que la humildad, la compasión, el perdón, el autocontrol e incluso (perdóname si es tu favorito) el amor. Si bien, reconozco que todas esas características vienen de Dios y estoy por siempre agradecida de que son nuestras por virtud de nuestra relación con Cristo, la amabilidad siempre gana en mi corazón, ¡sin duda alguna!

La amabilidad encarna tantos de esos otros atributos puesto que es una compilación que es experimentada (y vista) en la actitud de uno hacia las otras personas. Es un paquete entero.

Dios es la amabilidad personificada. En 1 Pedro 2.3, se nos invita a «tomar profundamente de la amabilidad pura de Dios. Entonces crecerás madura y completamente en Dios» [paráfrasis de la autora]. Esa es toda una declaración. ¿Qué cristiano no quiere ser maduro y completo en Dios? Quedamos así al ver y reconocer la amabilidad de Dios con nosotros para luego dársela a otros.

Recordar esa familia que estaba en el lavado de autos, me hace pensar en otro versículo, Efesios 4.32: «Antes sed benignos unos con otros, misericordiosos, perdonándoos unos a otros, como Dios también os perdonó a vosotros en Cristo». Ver a esos niños con su padre, mostrándose amabilidad entre todos, fue un gran incentivo para ser amable con toda la gente que conozco y la memoria todavía me recuerda ese incentivo. La amabilidad es un regalo que recibir y un gozo para dar.

DIEZ

Lee la Biblia todos los días

Aristóteles una vez escribió: «Los buenos hábitos formados durante la juventud hacen la diferencia». Pero, ¿qué si empezamos los buenos hábitos una vez que pasamos la juventud? ¿Todavía harían una diferencia?

Yo pienso que sí. Nunca es demasiado tarde para empezar un buen hábito. Leer la Biblia, por ejemplo. Leer la Biblia todos los días es algo así como leer la báscula. La mayoría tenemos básculas en nuestras casas, así que estamos familiarizados con el proceso de pesarnos. Necesitamos dos cosas para ello: Un lugar privado y una báscula. ¿Cuán simple es eso?

Y si lo tomamos en serio, seguimos ciertas pautas: Como por ejemplo, tal vez nos:

- Pesemos a la misma hora todos los días.
- Quitemos la ropa y los zapatos.

- Paremos sobre la báscula.
- Concentremos en el proceso sin prestar mucha atención a nuestro peso.

De la misma manera, necesitamos dos cosas para comenzar nuestras lecturas bíblicas diarias: Un lugar privado y una Biblia. Y si lo tomamos en serio, podemos seguir ciertas pautas: Como por ejemplo, tal vez podríamos:

- Leer a la misma hora todos los días.
- Eliminar las cosas que nos distraigan.
- Abrir la Biblia.
- Concentrarnos en leer las palabras sin prestar mucha atención al peso de nuestras cargas.

Este proceso sencillo nos motiva y nos ayuda a evitar la desilusión que puede venir cuando nos sentimos cargados. Leer la Palabra de Dios toma tiempo, pero si mantenemos en mente que es muy parecido a pesarnos todos los días, esa disciplina lo hace posible. Sin tener un plan o un programa, es fácil dejar que la lectura de la Biblia se pierda en el olvido de nuestras vidas tan ocupadas. Y, en última instancia, como resultado, nuestra salud espiritual sufre.

Alguien le preguntó a un gran erudito shakesperiano: ¿Cómo estudias a Shakespeare?

Su respuesta fue bien clara: «Leo a Shakespeare».

Estudiar la Biblia es lo mismo. La lees y al leerla llegas a conocer sus preceptos, sus promesas, su poder y la Persona de Dios el Padre, el Hijo y el Espíritu Santo.

La Biblia es el fundamento de la verdad y en ella están las palabras de vida, así que hay razones comprensibles para leerla diariamente. No puedo recordar un día, de mi niñez, en que no viera a mamá leyendo su Biblia. Sentada en la cama, en el sofá, a la mesa del comedor, o en el patio de enfrente, ella tenía la Biblia abierta, leyéndola todos los días. Raras eran las veces en que me decía que la leyera. Pero al darme el ejemplo, quizás el mensaje fue más poderoso. Es una imagen vívida en mi mente.

Muy a menudo, mamá escribía versículos en tarjetas pequeñas de tres por cinco pulgadas, y las metía en varios lugares alrededor de la casa, donde pudiera verlas y meditar en ellas a través del día. No quería perderse lo que Dios le había dicho y lo que él quería hacer en su vida. Esos versículos que daban vida también las transformaban. Nada influyó mi vida y la de mis hermanos más que la coherencia que mamá tenía al leer la Palabra de Dios.

Ahora tengo y atesoro la Biblia que mamá amó y leyó diariamente hasta que falleció en 1971. Está llena de sus marcas y notas, y está sujeta con cinta adhesiva. Justo en frente, con la caligrafía inimitable de mamá, están escritas estas palabras junto con el versículo que cité en la dedicación de este libro. No sé si son suyas o si las escuchó en su estudio bíblico y le gustaron mucho: «La Palabra de Dios revela la justicia de Dios y lo pecaminoso del hombre. Revela a los incrédulos el plan de Dios para la salvación y el camino de vida para los crédulos de cualquier edad».

Puesto que mamá creyó y vivió esta verdad en su vida de una manera coherente, hizo que yo quisiera leer la Biblia diariamente también. Con sinceridad, me gusta más que pararme en la báscula todas las mañanas.

SEGUNDA PARTE

Desarrolla tu estilo

❴ ONCE ❵

Dibuja para que entiendas

Años atrás, tuve una maestra de arte a quien le fascinaban los pájaros. Los dibujaba cada vez que tenía la oportunidad. Durante el tiempo en que fue mi profesora, encontró un pato muerto y se lo llevó a su casa para estudiarlo. Quería saber cómo funcionaban las alas e hizo un dibujo tras otro para tratar de entenderlo. Observó cada una de las plumas usando su secadora de pelo, para estudiar la forma en que se movían en el aire.

¿No te parece increíble? Ella quería entender a los patos para satisfacer su curiosidad.

La palabra clave de este secreto es *entender*. Claro está, en el mundo de hoy con tantos aparatos electrónicos, pensarás que no tienes que poner el lápiz sobre el papel y literalmente dibujar algo para entenderlo. Pero creo que hacer un dibujo, aunque sea rudimentario, puede ayudarte a tener una imagen más detallada de lo que ves. Y no tienes que ser una gran artista.

Este secreto se me reafirmó en mayo de 1999, cuando tres amigas y yo nos fuimos de safari al África. Cada una llevó un radioteléfono portátil para que pudiésemos hablar de lo que veíamos sin tener que gritar cuando estuviésemos en diferentes grupos. Quería asegurarme de que podría usarlo fácil y rápidamente, así que hice un dibujo en mi diario de viaje y con etiquetas para cada parte: el botón para hablar, el control del monitor, el botón para prenderlo y apagarlo, el control del volumen, la antena, absolutamente todo. Al hacer eso, me familiaricé con el aparato y me sentí cómoda usándolo enseguida. Porque entendí cómo emplearlo, cuando mis dos compañeras de viaje iban de «safari a pie», las otras dos podíamos disfrutar de sus reportes emocionantes cada diez o quince minutos, manteniéndonos al tanto de lo que estaba sucediendo: «Bebé jirafa, al frente», «Estamos mirando un antílope directamente a los ojos», o «Estamos acostadas en el suelo esquivando un enjambre de abejas».

Ver el dibujo del radioteléfono portátil en mi diario, me ayuda aún ahora, permitiéndome disfrutar de esa dulce memoria hasta este día.

Luego, hubo un tiempo en que tuve una infección de oído. Con mi deseo por entender exactamente qué era lo que estaba pasando en mi oído adolorido (después de que el doctor me lo había explicado), lo busqué en un libro de medicina y lo dibujé en mi diario. Varios años después, cuando tenía la misma clase de infección, fui a un otorrinolaringólogo, que confirmó que yo había diagnosticado mi propio problema correctamente, por ese dibujo que había hecho anteriormente.

En realidad, dibujar es parte de lo que soy. No soy la artista que me gustaría, pero dibujar me ayuda a entender varias cosas que me interesan en la vida. No solo dibujo para entender, también lo hago para mi propia satisfacción. Es mi estilo.

Durante los primeros años de los 1970, pasé muchos veranos vacacionando en Grecia con mi amiga Sofía, que vivía en Atenas. Un año, en vez de ir a una isla griega, como lo habíamos hecho antes, ella sugirió que fuésemos a Arachova, una pequeña ciudad en el monte Parnaso, famoso por sus hermosos artículos tejidos. Como yo estaba tejiendo mucho en ese tiempo, me fascinó la idea. Alquilamos un Volkswagen y nos fuimos. En el camino, Sofía pensó que sería divertido subir al monte Parnaso en burro, solo para ver todo en una perspectiva diferente. Cuando llegamos a un lugar llamado «Parada de los burros», dejamos el auto allí y nos montamos cada una en un animal.

Con un bolígrafo, dibujé sobre la pierna de mis jeans mientras paseábamos, notando el auto pequeño, la parada de los burros, varios árboles y un pequeño riachuelo que cruzamos. Cuando nos detuvimos para observar el escenario —casas derramándose pintorescamente por el lado de la montaña—, y tomar unas cuantas fotos, decidimos hacer un picnic allí mismo. Fue divertido... hasta cuando estábamos preparándonos para irnos y nos dimos cuenta de que habíamos dado la vuelta por completo ¡y no sabíamos en qué dirección debíamos ir! Afortunadamente, al consultar mi mapa de pierna, podíamos buscar un riachuelo (el que habíamos cruzado antes de llegar allí), luego los árboles, después la parada de los burros, luego el pequeño auto, y así pudimos volver sobre nuestros pasos hasta llegar al lugar donde empezamos, riéndonos durante todo el camino.

Hacer dibujos no solo satisface mi curiosidad, también me ayuda a entender cosas que uso, los lugares a donde voy, y las aventuras (y algunas veces desaventuras). Lo disfruto. Pruébalo y te sorprenderás.

{ DOCE }

Acepta los hechos
cuando suceden

Nunca caigo en pánico. Jamás. Soy sumamente calmada en la tormenta, he sido así toda mi vida. Soy como papá. Mamá era como «un globo en un hilo», pero ¿papá? Él era tranquilo como un pepino. De verdad.

Ver eso era asombroso. Uno de mis más viejos recuerdos ocurrió cuando tenía unos siete años de edad y vivíamos en Fort Worth. Alguien en la casa (yo digo que fue uno de mis hermanos; ellos dicen que fui yo) accidentalmente había dejado el agua de la tina corriendo con el tapón puesto, y se fue con la familia a visitar a nuestros primos. Cuando regresamos, había agua por toda la casa. Mamá se entristeció mucho, no podía creer lo que estaba viendo. Se fue a la cocina y se puso a llorar, pero mis hermanos y yo pensamos que fue una de las cosas más fabulosas que habíamos visto en nuestras vidas. Papá, muy calmado, nos asignó varios cuartos para trapear, y como en una hora, ya habíamos movido muebles, secado el piso, exprimido una docena de toallas empapadas, y sentado con unas tazas de chocolate caliente que mamá nos preparó mientras estaba en la cocina. Fue una aventura.

Como papá, soy calmada en las emergencias. ¡Pero no me hables de interrupciones! O retrasos. Los detesto y podría escribir un libro en cuanto a por qué es que me vuelven loca. Vuelos atrasados, largas esperas en la oficina del doctor y personas que conducen des-pa-cio en las vías de alta velocidad, me desafían. Tengo que recordarme a mí misma que debo respirar.

Aceptar los hechos cuando suceden, buenos o malos, fáciles o difíciles, tragedias horrendas o simples inconveniencias, sean nuestra culpa o no, es a menudo muy difícil. Requiere la habilidad de tomar una actitud objetiva, tener una perspectiva de la visión global y depender de la soberanía de Dios. En su segunda carta a su amigo Timoteo, el apóstol Pablo le dio al joven Timoteo (y a nosotros) unas pautas a seguir acerca de cómo hacer exactamente eso: «Pero tú, mantente enfocado en lo que estás haciendo: acepta los tiempos malos junto con los buenos. Mantén vivo el mensaje; haz un trabajo esmerado como siervo de Dios» (2 Timoteo 4.5, paráfrasis de la autora).

No hace mucho, una amiga de la Florida y yo decidimos que ese iba a ser «nuestro versículo» para el año. Lo encontramos al mismo tiempo en nuestra lectura bíblica, nos fascinó, y lo escogimos como un gran versículo para nuestras vidas. Para mí, la parte más difícil es aceptar los tiempos malos junto con los buenos porque sé que para mí, los «tiempos malos» incluyen interrupciones y retrasos. Si solo son inconveniencias, me las puedo ingeniar, pero ser detenida... esa es otra historia.

Pero finalmente entendí que: Para «aceptar los tiempos malos junto con los buenos» tengo que aplicar el contexto del resto del versículo. Para poder «aceptar» tengo que:

- Mantenerme enfocada en lo que estoy haciendo (pase lo que pase).
- Mantener la Palabra de Dios viva en mi corazón.
- Seguir siendo una sierva de Dios para otras personas.

Cuando hago eso y me concentro en ello, me resulta más fácil aceptar los hechos que suceden.

Recientemente tuve una oportunidad para poner este razonamiento en práctica. Un amigo me llamó justo cuando estaba totalmente sumergida en lo que estaba escribiendo. Quería desesperadamente escribir en un papel lo que estaba pensando para el siguiente párrafo antes de que se me olvidara, así que tenía poco o no mucho interés en escuchar.

Podía sentir que estaba perdiendo la paciencia, cuando de repente «mi versículo» me pegó. En voz baja, le pedí al Señor que calmara mi espíritu, que me ayudara a escuchar cuidadosamente lo que se me estaba diciendo, y a recordar que estaba aquí para servir a mi amigo, no para terminar mi párrafo.

Mientras tanto, él continuó hablándome sin cesar acerca de las tribulaciones que estaba enfrentando y cuán triste lo estaban haciendo sentir.

Escuché.

Luego, después de un rato, me dijo cuánto le ayudó que yo lo escuchara hablar acerca de lo que estaba pasando y cuánto apreciaba mi tiempo. Su circunstancia no había cambiado, pero su espíritu sí.

Cuando colgué, terminé de escribir el párrafo y me encontré feliz de que amigo me había llamado y estaba agradecida por haber podido ayudarle. Entonces paré otra vez de escribir y le di gracias a Dios por el versículo y por ese recordatorio.

TRECE

Continúa siendo diligente en cuanto a tu salud

Se ha dicho que el cuerpo humano, con buen cuidado, dura mucho. Eso lo hace a uno preguntarse qué constituye el «buen cuidado». Pienso en el cuerpo como si fuese una casa. Es tu casa porque vives en ella. Debido a que vives en ella, quieres protegerla de intrusos. Es una inversión importante y te da refugio. Considera lo siguiente:

- Tus huesos son las maderas que sostienen la estructura.
- Tu estado mental es lo que te da gozo y paz.
- Tus ojos son las ventanas; tus pulmones proveen ventilación.
- Tu corazón es la cañería principal de agua y tu cerebro es el procesador de alimentos.
- Tu cabello es el césped y, la mayoría de las veces, tu peso es esa cosa que tienes en el ático de la cual te quieres deshacer. Mientras

más cosas sepas acerca de tu casa, más fácil es mantenerla, decorarla y disfrutarla.

Con esa analogía, veamos a tu cuerpo como algo que necesita, de tiempo en tiempo, el mismo mantenimiento y las mismas reparaciones que tu casa. Si el agua del inodoro no deja de correr, por ejemplo, no llamas a un plomero de inmediato. No, destapas el tanque y te pones a experimentar con el flotante hasta que se arregle por sí solo. Si un bombillo se quema, no llamas a un electricista. Ni llamas al exterminador de plagas cuando una mosca aterriza en el mostrador de tu cocina. Dependes de ti misma para mantener el control de los problemas sencillos que necesitan atención. En pocas palabras, tomas la iniciativa con lo que tienes que arreglar.

Nuestra meta en la vida debería ser mantener nuestros cuerpos de tal manera que evitemos las cosas que causen la mayor parte del deterioro por uso y busquemos las que provean la mejor valorización. Pero, ¿hacemos eso? Realmente, creo que no. Pero me he dado cuenta, en mis siete décadas de vida, de que la mejor forma de cuidar la salud es la moderación. Nosotros mismos podemos controlar mucho de lo que tiene que ver con el mantenimiento de nuestros propios cuerpos. Y, en muchas maneras, ese mantenimiento controla el destino de nuestra salud.

No soy ninguna experta en este tema, aunque casi siempre he disfrutado de una salud asombrosamente buena. Y como he estudiado arte toda mi vida, he tenido una gran fascinación con el cuerpo humano. No es nada menos que milagroso, una reflexión dinámica acerca de la genialidad de nuestro Creador.

Unos dos años atrás, compré un libro que me ha ayudado tremendamente con todo este tema. Se titula *Tú: El manual de instrucciones* por Michael F. Roizen y Mehmet C. Oz. Es una guía para sentirte más joven y saludable. Inicialmente lo compré porque me fascinó el título, las letras y los dibujos descriptivos muy claros e ingeniosos que tenía a través de todo el libro. Pero cuando empecé a leerlo, me di cuenta de que tenía todas las respuestas a las tantas preguntas que tenía acerca de cómo opera mi cuerpo.

Sin embargo, hay un libro mucho mejor que nos enseña a tomar medidas preventivas en cuanto a obtener una buena salud. Es la Biblia. Mira las palabras del apóstol Pablo en Colosenses 2.19: «Cristo, la fuente de vida que nos une como una pieza, Su propia sangre y aliento fluye a través de nosotros. Él es la cabeza y nosotros somos el cuerpo. Podemos crecer saludables en Dios, solamente mientras él nos alimenta» [paráfrasis de la autora].

La semana pasada estaba en la oficina del doctor para mi examen físico anual y escuché a una mujer anciana decirle a la recepcionista, mientras se iba: «La buena salud no cuida de sí misma; muy a menudo se pierde por nosotros los que suponemos que es así». ¡Ella tiene razón! Mientras más saludables, más energía tendremos para disfrutar la vida al máximo.

{ CATORCE }

Valora lo que tienes

Cuando tenía nueve años, mis padres me regalaron una bicicleta. No tenía idea de cómo montarla, pero eso no impidió que me montara en ella y me la llevara afuera. De alguna manera, esperaba que la bicicleta automáticamente hiciera lo que quería hacer. Supuse que me haría caso. (Después de todo, los otros juguetes parecían hacerlo.)

Por supuesto, no lo hizo. Pasé mucho tiempo cayéndome, levantándome, llorando, tirándola contra el árbol que estaba en el jardín delantero. La niña que vivía al lado, también tenía una bicicleta y la montaba como toda una experta. Eso es lo que yo quería hacer. La pasábamos diciéndonos que íbamos a competir una contra la otra en una carrera, pero ¿cómo iba a poder hacer eso si no podía mantenerme montada sobre la cosa? Nunca se me ocurrió pedir ayuda para aprender a montar la bicicleta.

Era demasiado independiente para hacer eso (o quizá testaruda). Así que eché la bicicleta hacia un lado y traté de ignorarla. Para mí no tenía valor.

Una tarde escuché a mis padres hablando sobre el dinero que habían gastado cuando compraron mi bicicleta. No se estaban quejando; solo estaban tratando de ingeniarse una manera de ayudarme a disfrutar la inversión que hicieron. Eso me hizo sentir horrible. Mi papá había buscado cuidadosamente en el catálogo de la tienda Sears para escoger la bicicleta ideal para mí: el peso correcto, la altura correcta, el perfecto balance de las llantas, marca de fábrica.

Después de escuchar a escondidas la conversación, entré al cuarto donde estaban mamá y papá, y les dije que me sentía muy mal por haber tirado la bicicleta contra el árbol.

Papá, el alentador de siempre, dijo algo así como: «Nosotros entendemos, cariño. Sabemos que la quieres montar y que tu bicicleta no se porta bien el tiempo suficiente como para poder montarla. Déjame enseñarte todas las cosas que hacen que esta bicicleta sea una máquina maravillosa. Tal vez te ayude a entenderla».

Entonces abrió el catálogo en la sección de las bicicletas. Señaló la que ellos me habían comprado y habló sobre todas las características de la bicicleta que ayudan a la gente a convertirse en buenos ciclistas.

Una vez que vi todo lo que esa belleza de dos llantas poseía, mi actitud cambió totalmente, hacia ella y hacia mi habilidad para montarla. Respeté la bicicleta y quise aprender a montarla. A la mañana siguiente, fui al garaje y le pedí perdón por haberla tirado por todos lados. Sé que eso les parece un poco extraño a aquellas que no tienen antecedentes hablando con objetos inanimados, pero eso es lo que hice. Le hablé a mi bicicleta y le dije que ahora me había dado cuenta de cuán buena era; así que le prometí que en el futuro la iba a tratar mejor. Si mi papá tenía confianza en ella y si la escogió especialmente para mí, yo quería confiar en ella también.

Mi papá, con su manera típica, lleno de bondad, me ayudó a valorar la compra que él y mamá hicieron. De alguna manera, la gran estima que él tenía en cuanto a las cualidades de la bicicleta, me hizo querer apreciar sus impresionantes características también. Con el apoyo de papá junto con mi nueva actitud y mi nueva determinación, aprendí a montar la bicicleta rápidamente. Desde ese día en adelante, fue mi compañera de confianza y un medio de transporte fiable durante mi infancia.

Desde esa ocasión, he sido cautelosa en cuanto a lo que compro, he tratado mis posesiones con mucho cuidado. Mi hogar está lleno de cosas que he comprado y de regalos que he recibido a través de los años. Algunas de esas cosas son casi de mi misma edad. Disfruto mucho al estar rodeada de cosas que tienen significado para mí. Mis amigas bromean conmigo, pero pareciese que hasta las ollas y los sartenes tienen su propia historia.

Por supuesto, valorar las cosas con las cuales hemos sido bendecidas y vivir con nuestras posesiones, son dos cosas diferentes. Después de todo, solo son cosas y no debemos dejar que nos distraigan de lo que realmente es importante: tener una vida agradable a Dios. Al contrario, mientras disfrutamos y valoramos las cosas que poseemos, simultáneamente debemos valorar la vida que Dios nos ha otorgado, dándole gracias por el regalo de las amistades y las experiencias.

Al ver mis posesiones, estas me traen memorias de antaño, de viejas amistades, de lugares que he visitado en esta hermosa tierra creada por Dios. Estos son los tesoros de mi casa que reflejan lo que soy. Sin tener que hablar, ellos relatan la historia de mi vida.

QUINCE

Concéntrate en lo que es importante ahora

Esta mañana me desperté estornudando. ¿No detestas cuando te sucede eso? Había apartado este día para escribir, pero es difícil concentrarme cuando tengo un resfriado. Toda la mañana me la pasé desocupándome la nariz, tosiendo, estornudando y hablando en clave de fa. Me sentía letárgica y mientras más pasaban las horas, más aletargada me ponía. El teléfono sonó y cuando contesté, la vecina me dijo:

—La voz no parece la tuya.

—Ay, ¿verdad? —croé como una rana—. Estoy lo suficientemente bien como para contestar el teléfono, pero no para respirar. Creo que tengo un resfriado.

Ella fue muy compasiva y me preguntó si podía llevarme al doctor. Eso era lo último que yo quería hacer. Repliqué:

—No tengo tiempo para el doctor. No voy a ir. Sé que este es un pequeño resfriado, ya se me pasará.

—¿Qué es más importante hoy que tu salud, Luci? —me preguntó.

Cuando le dije que tenía que trabajar en el capítulo quince, me preguntó que cuál era el tema. Estaba reacia a decirle que era: Concéntrate en lo que es importante ahora, pero cuando se le dije, ella me respondió:

—Bueno, ¡por favor! ¿No es tu resfriado un ejemplo perfecto de lo que estás escribiendo? Si no te concentras en quitártelo por completo, temo que te vas a sentir peor y no vas a poder escribir por toda esta semana. Piénsalo.

Lo hice y mientras estaba pensando, por casualidad, me acordé del tema del capítulo trece: «Continúa siendo diligente en cuanto a tu salud».

Decidí seguir la sugerencia de mi amiga e ir al médico. De hecho, ella me llevó en su auto y resultó que yo tenía una infección bronquial de las vías respiratorias superiores que requería ser tratada con una inyección de esteroides y con antibióticos. Mi pecho estaba un poco congestionado y el doctor me dijo que si hubiese pospuesto el tratamiento, probablemente hubiese estado muy enferma por varios días.

Mi vecina me ayudó a concentrarme en lo que era más importante en ese momento, yo estaba mucho mejor por su intervención.

No hace falta decir que Dios es de suma importancia en mi vida, veinticuatro horas al día, siete días a la semana. Mi fe sostiene cada respiro que tomo. Pero como tengo ese fundamento, necesito mantener todas mis prioridades terrenales adecuadamente alineadas y en cualquier momento concentrarme en lo que es más importante, para así poder vivir de la forma gratificante y satisfactoria que creo que Dios quiere que sus hijos disfruten.

Esta mañana, escribir era una prioridad para mí, pero al pasar las horas y mi salud declinar, otra cosa se hizo más importante. Sin embargo, tardé en reconocerlo hasta que mi amiga llamó e hizo lo obvio, bueno: Yo estaba enferma y necesitaba ir al doctor para evitar enfermarme aun más.

¿Qué hace que pospongamos algo que sabemos que tenemos que hacer? Por alguna razón, a menudo pareciera ser más fácil pensar en otras cosas en vez de concentrarnos en lo que es más importante en el momento. Tal vez sea porque algo importantísimo puede hacer que te sientas muy necesitada y demasiado urgida en el presente.

Concentrarse en lo que es más importante ahora, significa vivir conscientemente. Significa reconocer qué es más importante en el momento y no querer estar en ningún otro lado ni hacer otra cosa con ninguna otra persona. Una vez leí que «cuando dejamos de querer que otra cosa suceda en este momento, damos un paso profundo hacia poder encontrar lo que está aquí ahora». Vivir conscientemente significa que nos concentramos justo en este mismo instante, reconociendo con gratitud el hecho de que lo tenemos y que estamos vivos en él y enfocándonos en lo que es más importante al presente.

Esta mañana debí dejar el plan que hice para escribir y concentrarme en la necesidad que tenía al momento en cuanto a mi salud. Todo el asunto se reduce a confiar en Dios en este mismo instante y a dedicarse a lo que es importante en el momento.

Tener presente eso nos motiva a enfrentar las cosas importantes en nuestras vidas con confianza, sabiendo que Dios tiene el control. Quizá no entendamos qué es lo que está pasando y por qué, pero podemos tener un corazón confiado en que Dios tiene el mando. Si vivimos con esa perspectiva, estaremos conscientemente presentes cada segundo del día y tendremos en cuenta lo que es importante.

Me acuerdo del pasaje que se encuentra en el salmo 31.15 que dice: «En tus manos están mis tiempos». Y como el caso es muy frecuente, le estoy pidiendo al Señor que mantenga mi corazón y mis ojos abiertos para lo que quiera que yo haga, momento a momento, confiando en que me guíe a reconocer qué es lo más importante.

{ DIECISÉIS }

Decide qué es innecesario

Después de que me mudé a la casa en la que estoy viviendo actualmente en Texas, me llevó tres años animarme a limpiar el armario, el grande que está a la salida del cuarto del baño principal, con toda mi ropa adentro. Horrible, abarrotado y vergonzosamente desordenado, el armario me deprimía cada vez que me metía allí. Como soy una persona muy meticulosa, me seguía preguntando a mí misma por qué estaba esperando tanto tiempo para limpiarlo. Finalmente me di cuenta de que la razón por la cual no lo hacía era porque no sabía qué guardar y qué no guardar. No sabía por dónde empezar. Hubo veces que hasta pensé en aventarlo por un lado de la casa para no tener que verlo más nunca.

Un día vulnerable, fortalecida por una taza de café y por unas Escrituras que confieren poder como: «Para Dios todo es posible» (Mateo 19.26), decidí echar manos a la obra.

Empecé trazando tres reglas pequeñas.

Primera regla: Para no sentirme abrumada de inmediato con la magnitud del desorden, tenía que limpiar el armario en secciones geográficas: la esquina noreste primero, luego desde la esquina noroeste hasta la sureste. Poco a poco, seguí esa estrategia. Trabajando constantemente pero sin apuro, cubrí el armario entero en secciones y, al ver progreso en el trayecto, se fortaleció mi determinación de seguir adelante. Unos días invertía algunas horas y después paraba hasta que tuviese más energía; otros días, trabajaba cuatro o cinco horas. Cuando estaba harta de ver el montón de cosas, sencillamente no entraba allí.

Segunda regla: Cualquier cosa personal o familiar, única en su especie, la guardaba automáticamente. Esta regla me permitía celebrar cuando encontraba tesoros que había guardado y olvidado. ¡Ah, caramba, los tesoros! En dos baúles de cedro había unos reconocimientos atléticos ganados en la escuela secundaria en los años cuarenta, por el baloncesto, la natación, el voleibol y la danza moderna. Encontré comprobantes de unos boletos de mi rendimiento con la Opera de Dallas en los años cincuenta y sesenta que me trajeron muchas memorias maravillosas. Había cartas y notas de mi papá, de su puño y letra, escritas en los años setenta después de que falleció mamá. Encontré fotos antiguas de unos viajes al extranjero que hice en los años ochenta, junto con una obra de arte original que unas amigas me regalaron en mi fiesta de jubilación en 1987. Me probé ropa (algunas de ellas que había comprado en los años noventa), escogí las que quería conservar y puse las demás en una bolsa para regalarlas. (Ni siquiera voy a mencionar la bolsa llena de ropa que se me había extraviado hacía unos seis meses, pero que curiosamente no extrañé.)

Tercera regla: Decidir de inmediato qué es necesario guardar y qué no. Al tener esta regla como guía, no me quedé con cosas que realmente no quería ni pospuse las decisiones que debía tomar.

Las cosas innecesarias se las di a un centro de donaciones, se las pasé a uno de mis hermanos (si alguno de ellos las quería) o las tiré a la basura. En unos días, el armario estaba en orden, limpio y organizado. Meses después, cuando me metía al armario, daba una vuelta de 360 grados y miraba fijamente. Ver mis pertenencias en orden, me levantaba el ánimo y me agradaba.

Finalmente me di cuenta de la verdadera razón de por qué no lo había podido limpiar antes: Me estaba concentrando en lo que no era importante y realmente no sabía qué era hasta que me metí entre esas pilas. Una vez que observé con cuidado todas las cosas que estaban en mi armario, las que había amado y atesorado a través de los años, fueron fácilmente separadas de las que no tenían significado.

Podemos decidir qué es innecesario guardar, simplemente al decidir lo que sí lo es. Nada en esta vida es más importante que saber qué es lo esencial, a menos que sepas lo que no lo es.

DIECISIETE

Haz una lista de las cosas importantes

Al reflexionar en mi niñez, no recuerdo que nadie me haya dicho nunca: «Escribe eso». No obstante, algo dentro de mí siempre quería tomar notas. Hasta hoy, ando por todos lados con una pluma en mi bolsillo o con un lápiz en la mano para poder anotar citas, compromisos, hacer listas, lo que sea. Tal vez prefieras anotar las cosas importantes en tu computadora, tu Smartphone, tu iPad, ¡o no sé qué otra cosa más!

Hago listas de libros que quiero leer, música que quiero escuchar y películas que tengo la intención de ver algún día. La verdad es que a menudo tomo notas, no solo de lo que planeo hacer, sino también de lo que estoy haciendo actualmente... o de lo que hice. Mis amigas pensarán que es extraño (excepto cuando me llaman porque se olvidaron de algo de ellas y tienen la esperanza de que yo lo haya anotado en algún lado).

Provengo de una larga tradición de redactores, escritores de cartas y diarios, anotadores, autores y poetas. Mi abuela solía escribir poemas al dorso de los sobres usados; nunca recibí una tarjeta postal de ella sin que tuviera un mensaje en el lugar apropiado, además de alrededor del borde en un círculo, donde las letras iban achicándose más y más hasta llegar al final de su saludo. Todavía tengo una nota que ella les escribió a sus hijos cuando eran pequeños, la cual dice: «Me fui a la casa de al lado para pedir que me presten un huevo». Me fascina esa nota porque representaba a mi abuela perfectamente. Informar a su familia dónde estaba y por qué, era muy importante para ella, al punto que les escribía una nota diciéndoles que estaba fuera de la casa pidiendo prestado un huevo.

Soy de las que anotan fechas en todo lo que poseo. Cuando termino de leer un libro, apunto la fecha en que lo completé y firmo la última página. Cuando pago una cuenta, le pongo un sello de pagado, le pongo la fecha y escribo el número del cheque junto con mis iniciales por debajo. Lo he hecho por años. Tengo una colección de diarios que cubren los últimos veinticinco años. Están literalmente llenos de palabras que describen mis andanzas, sentimientos, inquietudes, nombres, direcciones, mapas, indicaciones, finanzas y dibujos. Todo eso es importante para mí. Es por eso que lo anoto. Es algo automático.

Una de las razones principales para escribir algo es porque somos propensos a olvidarlo. Y mientras más avanzamos en edad, más tendemos a ello. Si le digo a alguien que voy a llamarle y entonces no me puedo acordar de su número de teléfono, me molesto; así que lo apunto. Cuando voy al supermercado y olvido qué es lo que fui a buscar, eso me molesta; así que hago una lista de compras. Si le prometo a alguien una cena en mi casa en una noche concreta y después no tengo ni idea de cuándo fue porque no lo apunté, me molesto; así que lo anoto. ¿Captas la idea? Escribo lo que es probable que olvide, que puede ser cualquier cosa.

También anoto mis creencias básicas. Lo llamo credo. Son las doce cosas más importantes de mi vida, de las cuales fluye mi sistema de valores. Para mí es importante saber cualquier cosa que me defina y me encanta verlo por escrito. Cada cinco o seis años lo leo otra vez... solo para ver si mi vida todavía tiene sentido para mí. Eso es similar a la declaración de objetivos fundamentales que muchas empresas, iglesias y familias preparan para que todos en el grupo sepan y entiendan los valores que guían sus actividades y propósitos.

¿Y qué en cuanto a las metas? Creo firmemente que pude jubilarme temprano en gran parte porque anoté esa meta tres años antes de que se cristalizara. ¿Y las metas personales? ¿Financieras? ¿De viajes? ¿Físicas? Cada una de ellas es muy importante en lo que se refiere al crecimiento. Cuando escribo mis metas, tengo objetivos. Estos me ayudan a organizar mi tiempo, mis pensamientos, mi itinerario, mis pertenencias, mi vida.

Para mí, lo más importante que tengo que recordar es la naturaleza y el cuidado de Dios. No sé dónde estaría si no hubiese tomado notas de varios maestros bíblicos a través de los años. Esas notas me salvaron la vida. No solo me han instruido; me han consolado y guiado a través de sufrimientos. A través del estudio de la Palabra de Dios he aprendido a creer, confiar, perdonar, resistir, lograr y disfrutar mi relación con él. Esas notas me dirigieron a los versículos apropiados que necesitaba en diferentes momentos de mi vida y continúan haciéndolo.

Espero que cuando fallezca, tenga una pluma y un papel en la mano, que mis amigas me entierren con eso. Algunas veces queremos hacer algo pero es muy difícil, muy caro o toma mucho tiempo. Pero, anotarlo no es nada de lo mencionado. Es fácil. Deberías intentarlo.

{ DIECIOCHO }

Permítete estar triste

Aunque nunca fui una admiradora ávida de los Beatles, hay unas cuantas canciones que me encantaban. Una de ellas era: «Let It Be» [Déjalo ser]. Le pusieron ese nombre a un álbum para hacer una exposición referente a dejar los problemas atrás y seguir adelante en la vida. Paul McCartney escribió la canción sobre su mamá, Mary, que falleció cuando él tenía catorce años de edad. Él soñó que ella iba a verlo cuando estaba triste y con problemas, «hablando palabras de sabiduría». Puesto que sus palabras lo consolaban y le daban paz, él escribió esa canción que también incluye la letra: «Habrá una respuesta, déjala ser».

La hermosa letra de McCartney fue, en parte, una manera de expresar la tristeza de su corazón. Como crecí en una familia que insistentemente recomendaba estar feliz todo el tiempo, tuve que aprender a expresar tristeza sin tratar de esconderla. No sabía que mostrar mi tristeza era bueno. Al hacerme adulta, le comenté a una querida amiga acerca de lo problemático que era esa dicotomía y ella me recomendó que me «apoyara en mi tristeza», que la sintiera totalmente y que no tratara de convertirla en una especie de felicidad falsa.

Al pasar el tiempo, aprendí el valor de sentir la gama completa de mis emociones. Fue solo entonces que entendí que realmente estaba viva ya que pude apreciar mis sentimientos, todos ellos. Curiosamente, también aprendí que algunos de mis mejores momentos ocurren cuando me estoy sintiendo descontenta, frustrada, incómoda, porque a través de esos instantes soy más propensa a salirme de la rutina y buscar otras maneras de contestar las preguntas más difíciles de esta vida y también dejar que mi naturaleza creativa se exprese.

Aprendí que cada cenit tiene su nadir, cada alto tiene su bajo. Para saber a qué magnitud estamos viviendo, necesitamos una base de comparación como un parámetro. Por ejemplo, no podemos saber cuán saludables estamos, si nunca hemos estado realmente enfermos. Ni tampoco podemos reconocer una victoria genuina, si no hemos experimentado derrota. De la misma manera, ¿cómo podemos experimentar la felicidad en su totalidad si no nos permitimos estar tristes? Es por esa base comparativa que podemos equiparar la llenura que sentimos con lo vacío al otro lado del espectro. Si construimos una pared alrededor nuestro para mantener la tristeza fuera, inadvertidamente mantendremos fuera a la felicidad también. Por lo tanto, debemos permitirnos experimentar ambas cosas.

Permíteme recomendarte que cuando llegue la tristeza, déjala ser. Al encontrar un lugar en tu corazón y moverse a través de tu espíritu, despertará esos genes creativos que están esperando encontrar expresión. ¿Quién sabe? Quizá te conviertas en otro Franz Schubert o Vincent Van Gogh. Sus mejores composiciones nacieron de sus más profundos sufrimientos, sin embargo, mira la felicidad que le trajeron al resto del mundo.

{ DIECINUEVE }

Admite que necesitas ayuda

Varios años atrás, cuando iba saliendo de la oficina del dentista, escuché a alguien gritar levemente: «Ayúdame, ayúdame, ¿Puedes ayudarme?» Miré alrededor del estacionamiento y no vi a nadie. Entonces salió el grito otra vez: «Ayúdame, por favor ayúdame».

Apresuradamente seguí el sonido y allí, en el asfalto, estaba una anciana acostada con su cabeza apoyada en la llanta de una camioneta. Aparentemente se había tropezado cuando iba saliendo hacia el estacionamiento, se había caído; y no se podía parar.

Me arrodillé rápidamente para que me pudiese ver y oír, le di mi nombre y le dije que no se moviera hasta que yo pudiese buscar ayuda. Se había golpeado la frente, la cual estaba sangrando un poco y tenía raspaduras tanto en sus codos como en sus rodillas. Me sentí mal por ella. Me dijo que se llamaba Marta y que estaba tratando de ir a su auto cuando se cayó.

En unos cuantos minutos, llegó una ambulancia. Cuando estaban metiéndola en la ambulancia, le aseguré que la iba a seguir en mi auto y que me iba a encontrar con ella en el hospital muy pronto, el cual no estaba muy lejos de allí.

Yo no sabía qué hacer, pero sabía que quería estar disponible para esa señora si podía asistirle más. Sentí compasión por ella. Aunque nunca la había conocido, era obvio que ella necesitaba ayuda, y con excepción del personal de la ambulancia, yo era la única que sabía eso en el momento.

Poco después de que la admitieron, la examinaron y le asignaron un cuarto, me acerqué junto a su cama y le pregunté cómo se sentía. Sin vacilación, me dijo: «Ay, Luci, muchas gracias por venir conmigo. Soy tan torpe y me caigo fácilmente. Por favor, prométeme que te vas a quedar conmigo y que no le vas a decir a mi hija que me caí. ¿Me lo prometes?»

Admito que me sorprendió un poco saber que no quería que su hija supiera que se había caído. Si hubiese sido mi madre, definitivamente hubiese querido saber, y se lo dije. Una vez más me insistió que no le dijera.

«Creo que mi hija está cansada de que yo le pida ayuda», me dijo. «Estoy muy vieja para que ella pueda hacerse cargo de mí; creo que está cansada y harta de que le esté pidiendo que haga cosas para mí».

Al ir pasando el día y convertirse en la tarde, y luego el anochecer, Marta y yo hablamos más y más acerca del accidente y la necesidad de decirle a su hija. Finalmente la convencí de que era muy importante que su familia supiera dónde estaba y que estaba bien. Yo sabía que debían estar preocupados. Como a las ocho de la noche, la hija llegó; la conocí, fue muy bondadosa. Estaba genuinamente agradecida porque la había llamado para informarle la necesidad que tenía su madre. Por supuesto que quería saber.

A Marta se le había quebrado la clavícula y estuvo en el hospital por una semana. La visité un par de veces y estuve muy feliz de haberla podido ayudar. He pensado en ella varias veces a través de los años y se ha convertido en un recordatorio de cuán dificultoso puede ser pedir ayuda o hasta dejar que alguien venga a ayudarnos, incluyendo a nuestros seres queridos. Me sorprende cuán autosuficientes creemos que somos.

El salmo 3.8 dice que: «La [ayuda] salvación es de Jehová», y más a menudo que nunca, él usa a una persona para proveer esa ayuda [o salvación]. No fuimos creados para ser independientes, autosuficientes, ni egocéntricos. Nos necesitamos los unos a los otros. En varios versículos, la Biblia habla acerca de que somos el cuerpo de Cristo, con cada parte, cada uno de nosotros, con su propio lugar y propósito.

Reconocer que necesitamos a nuestra familia, a nuestros amigos, o a alguien que nos cuide, es vital cuando se refiere a nuestra salud y bienestar. Pueda ser que empieces a pensar que no les importas, o como Marta, temas que tal vez seas una carga para ellos. No supongas eso. Con todo, hay límites apropiados, pero puedo decirte por experiencia que es mucho más una carga para tus seres queridos el no saber cuándo los necesitas.

Una de las lecciones más grandes de la vida es encontrar el equilibrio entre dar y recibir ayuda de nuestros seres queridos. O de personas desconocidas. Pregúntale a Marta.

VEINTE

Descubre la felicidad de prescindir de lo que deseas

Una vez leí una definición de satisfacción que se me quedó grabada en la mente, probablemente porque me recuerda que la satisfacción no tiene nada que ver con el dinero, sin embargo, la gente que vive de esta manera es millonaria en su alma. Es realmente uno de los secretos primordiales para una vida feliz:

> Mantén tu corazón libre de odio, tu mente libre de preocupación, vive de manera simple, espera poco, da mucho, canta a menudo, ora siempre, olvídate de ti misma, piensa en otros y en sus sentimientos. Llena tu corazón de amor y lleva risa dondequiera que vayas. Hay conexiones en la cadena dorada de la satisfacción.

No conozco la fuente de la definición, pero me gustó tanto que la anoté en mi diario años atrás y nunca se me ha olvidado. Aprender a prescindir de las cosas es casi una forma de arte porque es lo opuesto a más, lo cual es lo que la mayoría de nosotros queremos o pensamos que queremos. La mejor forma de estar satisfechos es contar nuestras bendiciones, no nuestro efectivo.

Al principio del año 1993, enfrenté muchos desafíos financieros; sabía que iba a ser un año difícil para mí en cuanto al dinero. Así que hice una lista de las cosas que tenía que considerar antes de gastar un centavo. Anoté doce consideraciones en la lista, la última era: «Prescindir de lo que deseo».

Puse esa lista en la parte del frente de mi diario del noventa y tres, y le pedí al Señor que me ayudara a recordar esos doce puntos y a no quejarme de nada que se refiriera a dinero, gastar, ahorrar, diezmar e invertir. Y solo para divertirme, junto a la lista, puse una nota que había recibido de una amiga. Decía: «Mientras más te quejas, más tiempo te da Dios para vivir». Yo sabía que ese chiste me haría mantener la boca cerrada cuando quisiera quejarme de no tener dinero.

Qué clase de año resultó ese:

- En vez de ir al cine, escribí poesía y leí muchos libros.
- En vez de comer fuera, preparé comidas en casa e inventé recetas.
- En vez de comprar regalos de cumpleaños o tarjetas de felicitaciones, las hice yo misma.
- En vez de comprar flores frescas, resucitaba crisantemos que tiraban en la basura. ¡De veras!
- En vez de comprar discos compactos nuevos con música, escuchaba los que ya tenía, una y otra vez.
- En vez de llamar a mis amigas por larga distancia, les escribía cartas largas.

- En vez de botar o regalar lo que estaba quebrado, lo reparaba yo misma.
- En vez de preocuparme por lo que no podía hacer, me regocijaba por lo que podía hacer.

Ese mismo año recibí una cuenta de impuesto federal enorme que definitivamente no podía pagar pero, en vez de preocuparme, le pedí al Señor que guiara mis pensamientos y mis pasos para saber qué hacer. Devolví cosas que había comprado y conseguí reembolsos, y paré de comprar cualquier cosa que no necesitara en lo absoluto.

Aunque sea difícil de creer, ¡todo resultó divertido! Me apreté el cinturón de la forma que pude, saqué dinero de algunas inversiones y le pagué al Servicio de Recaudación de Impuestos. El Señor me ayudó a través de todo eso y me enseñó unas lecciones muy importantes sobre cómo administrar el dinero y cómo confiar en él. Sabía que había estado conmigo cada paso que di.

Eso es lo que sucede cuando contamos nuestras bendiciones en vez de nuestro efectivo: Enfrentamos los problemas del diario vivir y examinamos nuestros sentimientos. Al hacer eso, encontramos nuevas respuestas que satisfacen mejor nuestras necesidades y las de los más cercanos a nosotros.

TERCERA PARTE

Alcanza el equilibrio

{ VEINTIUNO }

Créate una biblioteca pequeña

Se me ocurrió el otro día que haber sido criada en un hogar que tenía libros y en el que estos eran atesorados, me puso en un camino que ha tenido muchas recompensas maravillosas. Una de ellas es que a mis dos hermanos les fascinan los libros tanto como a mí. Justamente el mes pasado, les envié por correo a ambos una copia de un libro que estaba leyendo para que pudiésemos discutir el contenido. Eso es un hábito innato para nosotros tres y todo empezó con una pequeña e insignificante colección de libros durante nuestra infancia.

Sin embargo, fue mi amigo Kurt —que vivía cerca de mi casa en los años sesenta—, uno de los primeros que me animó a que creara algo que pudiese llamar *biblioteca*. Nos convertimos en amigos al descubrir que a Kurt le gustaba leer; a mí también me gustaba. A él le fascinaban los libros; a mí también; él tenía una biblioteca; yo no.

Un sábado por la mañana, cuando él estaba en mi casa, empezamos a hablar de lo mucho que nos gustaban los libros. Él dijo: «Sabes Luci, podrías crear una biblioteca aquí mismo en la sala si quisieras. Tienes bastantes libros. Encontremos la forma de crearla, ¿sí?»

Mis estantes eran de tablas y ladrillos, pero nos sirvieron. Juntos, Kurt y yo, clasificamos los libros y nos divertimos muchísimo. Como catalogar libros es una forma de arte más que una ciencia, nos sentíamos en el cielo.

Organizamos todo de acuerdo al tema: arte, biografía, jardinería, historia, música, novelas, poesía, viajes y demás. Imprimí etiquetas pequeñas y Kurt las puso en el estante bajo la sección apropiada. En cuestión de minutos, yo sabía dónde estaba todo y, en poco tiempo, tenía el principio de lo que con el tiempo se convertiría en el cuarto más hermoso de mi casa.

Al fin, tuvimos todo categorizado; mi agrupamiento de libros se veía como una colección profesional de obras que casi me hacía desmayar cada vez que entraba al cuarto. Eso pasó en 1965 y, hasta el día de hoy, todavía estoy creando una biblioteca. Mis dos hermanos también tienen bibliotecas en sus casas. Nosotros estamos de acuerdo con Mark Twain que, según se informa, dijo que: «El hombre que no lee buenos libros, no tiene ninguna ventaja sobre el que no puede leerlos».

Mis libros son mis amigos. Algunos me los sé de memoria; han estado conmigo a través de las pruebas que he tenido; los he leído tres, cuatro y cinco veces. Otros son nuevos amigos, ya que apenas nos estamos conociendo.

Desde mi último año de la universidad, he sido miembro de clubes de libros. Me acuerdo vívidamente del primer libro «grande» que compré: *The Columbia Historical Portrait of New York* [El retrato histórico de Columbia sobre Nueva York], impreso por Doubleday & Company en 1953; es uno enorme que me costó veinticinco dólares, una fortuna en el año 1955. Pero desde ese momento en adelante, no pude dejar de leer libros. Muchas veces compraba volúmenes pequeños y baratos publicados por Modern Library [Librería Moderna], uno de los cuales es: *Lejos de África*, escrito por Isak Dinesen. Lo compré en 1970 y es uno de mis más cercanos amigos, aun ahora, es una magnífica literatura y una historia increíble. La he leído tres veces. (Si no la has leído, debes planear empezar a leerla después de que termines este libro.)

Por desdicha, a menudo la gente piensa que para tener una biblioteca en casa, tiene que ser un ciudadano de clase alta con libros antiguos de primera edición y mucho dinero. Déjame aclarar eso ahora mismo. Es cierto que tengo libros hermosos de cuero y algunos antiguos, pero también tengo cientos de libros tapa rústica, como también tengo copias viejas, maltratadas y rasgadas de libros, las cuales atesoro mucho (si no más) que esos con tapas de cuero, por los cuales pagué un ojo de la cara. Encontrar un buen libro que a la vez sea barato, sería la cereza del pastel. Esos son los que encuentras en los centros de donaciones y tiendas de objetos usados, ventas hogareñas, almacenes y toda clase de lugares donde venden artículos reciclados.

Tendré ochenta años cuando este libro se publique y no hay nada en mi casa que atesore más que la biblioteca que mide cuarenta y un metros cuadrados, la cual diseñé cuando construí mi casa en el 2004. La biblioteca habrá empezado pequeña, pero ahora es un tesoro oculto de libros que he coleccionado por sesenta años sobre cada tema que te puedas imaginar. No solo tengo el primer libro que compré, también tengo el que compré ayer y todos los de en medio.

VEINTIDÓS

Forja tu integridad

Una mañana, cuando estaba en el segundo año de la secundaria, salí apresuradamente para poder caminar a la escuela con mis amigas, cuando me acordé que necesitaba hojas de repuesto para mi carpeta. Le pedí a mamá dinero para comprar unas cuantas después de la escuela.

Esa tarde fui al supermercado y compré las hojas de repuesto, cuando iba saliendo vi un paquete de almendrados de coco y decidí comprarlos también. Solo tenía suficiente dinero para comprar el papel, así que le pagué a la cajera y me robé los almendrados de coco para comérmelos camino a mi casa. Ciertamente no tenía el hábito de robar cosas, pero ¿quién se iba a dar cuenta de que faltaba un pequeño paquete de dulces?

Caminando a través de un gran campo para llegar a mi casa, me comí los dulces robados lo más rápido posible y tiré la envoltura para que no hubiese evidencia del robo que cometí. Para el tiempo en que llegué a la puerta de mi casa, me dolía el estómago por haberme atiborrado y por ladrona.

Mi mamá estaba pelando papas en el fregadero de la cocina para la cena. Sintiéndome extremadamente culpable, caminé directamente hacia ella y con una oración larga y continua le dije: «Mamá, compré las hojas para la carpeta y le pagué al hombre, pero cuando salí me robé un paquete de dulces y me los comí de camino a casa; ahora me duele el estómago; creo que voy a morir».

Hubo una larga pausa.

Mamá puso el cuchillo en el fregadero (una buena señal), se volteo a mirarme y me dijo con mucha ternura: «¿Hiciste qué?»

Ah, caramba. ¿Tengo que repetirlo? Le conté mi dilema una vez más. Muy calmadamente me dijo: «Bueno, cariño, vas a tener que tomar tu dinero porque vamos a regresar al supermercado para que puedas pagarle al hombre lo que robaste».

Aunque estaba dispuesta a darme dinero para mis útiles escolares, yo iba a tener que pagar por la restitución usando mis propios ahorros que tenía guardados en mi cuarto. Le rogué a mamá que no me hiciera regresar al supermercado, pero no pude convencerla. Se quitó el delantal, tomó las llaves del auto y, con todo el autocontrol del mundo, dijo: «Ve a buscar tu dinero y ven al auto donde te estaré esperando».

Yo estaba aterrorizada. Lo último que quería hacer era encontrar al hombre y decirle que le había robado un paquete de almendrados de coco. Pero en poco tiempo estábamos retrocediendo del garaje. Mientras íbamos en camino, le rogué y le supliqué a mi mamá que por favor no me hiciera confesar. «Ese hombre piensa que soy cristiana, mamá. No me hagas regresar y pagarle esos dulces. Te lo ruego», le dije.

Ella mantuvo la calma, manejando sin decir ni una palabra. Cuando se estacionó frente al supermercado, finalmente habló: «Entra. Encuentra al hombre. Dile cómo te llamas y lo qué hiciste. Entonces págale los dulces. Te voy a esperar en la entrada».

Entré a regañadientes y busqué al *gerente*. Cuando le dije mi nombre y que había robado un paquete de almendrados, hizo la cosa más extraña. Tomó el dinero de los dulces, me miró directamente a los ojos y dijo: «Ah, muchos niños entran aquí y nos roban cosas, Lucille, pero nadie regresó nunca a pagar lo que se había robado. Tú debes ser cristiana».

Cuando entramos al auto, mamá me dio las gracias por hacer lo correcto. «Ahora vayamos a la casa a cenar», me dijo. «Debes tener hambre». Nunca más mencionó ese episodio y por muchos años, yo tampoco.

Ese incidente dejó una huella indeleble en mí. Nunca olvidaré ese día ni la lección que aprendí acerca de ser una persona con integridad. Quizá no sabía que necesitaba aprenderla, pero mi mamá sí lo sabía y me la enseñó al mantenerse firme tranquilamente en cuanto a hacer lo correcto.

La integridad se demuestra en la forma en que nos comportamos cuando nadie nos mira. Empieza dentro de nosotros y se convierte en una colección eterna de buenas decisiones que tomamos basadas en el discernimiento, buen juicio, conocimiento y sabiduría. Como escribiera Shakespeare: «Esto sobre todas las cosas, sé genuino contigo mismo. Y tienes que seguir, como la noche sigue al día, así no podrás ser falso con ningún hombre».

{ VEINTITRÉS }

Sostén conversaciones divertidas con la gente

Una de las conversaciones más amenas que tuve en mi vida sucedió hace treinta y siete años, cuando estaba hablando con la hija de una amiga. Beth tenía ocho años de edad en ese tiempo y estaba muy llena de vida: dulce, graciosa, astuta y extremadamente inteligente para una niña de su edad. Me gustó tanto nuestra conversación, que la anoté en mi diario.

Cuando le pregunté cómo estaba, me dijo que había estado hablando con Gertrude Sweatstein. Como yo no conocía a Gertrude, le pregunté quién era.

«Ah, Luci, Gertrude es rara. Duerme todo el día y toda la noche; está divorciada y tiene diez niños. Su ex esposo es el doctor Bloodworth, un siquiatra (pronunciándolo de una forma deliberada) que encontró mucho significado en la vida al escarbar el cuero cabelludo de la gente».

Me reí a carcajadas y la paré en el acto. «Espérate un segundo, cariño, ¿Quiénes *son* esas personas? ¿Cómo las conociste?»

Unos minutos después, Beth me presentó una colección de personajes muy fascinantes que vivían dentro de su imaginación. Estaba Mabel Chatican, una mujer que lloraba todo el tiempo, hablaba a través de sus lágrimas, y tenía todas las peculiaridades de un pájaro extraño basado en el libro de Charles Dickens. Dos de los otros personajes eran la señora Weatherworth, que estaba abrumada por la vida, y la coronela Stridesbaker, que era una mujer militar estricta con un fuerte acento tejano.

Después de esa conversación inicial, Beth y yo charlamos muchas veces acerca de esos personajes imaginarios. Me fascinaban y me gustaba hablar mucho de ellos con Beth porque ella los podía describir a la perfección.

Al transcurrir el tiempo, Beth y yo dejamos a ese grupo y disfrutamos de conversaciones aun más interesantes. Un par de años después, mientras estábamos platicando, Beth me preguntó si ella y yo pudiésemos tener una conversación filosófica.

—Mi mamá me dijo que a ella le encanta hablar contigo porque ustedes dos tienen conversaciones filosóficas. Luci, ¿podríamos tener una conversación como esa?

—Por supuesto.

Luego me dijo:

—¿Qué es una conversación filosófica? ¿Cómo la entablamos?

—Bueno, veamos... —tuve que pensar por unos cuantos segundos—. A menudo empiezan con una pregunta como *qué* o *por qué.*

—¿Como qué?

Pensé por un minuto y me acordé que Beth una vez me dijo que a ella le hubiese gustado que su maestra de piano fuese cristiana. Le pregunté si se acordaba que me había dicho eso. Sí se acordó.

—Bueno, entonces, he aquí una pregunta filosófica sobre eso: ¿Por qué quisieras que ella fuese cristiana?

Beth me miró con mucho cariño y me dijo lentamente:

—Quizá no deberíamos tener una conversación filosófica.

Las dos nos reímos a carcajadas.

Han pasado tantos años desde que la pequeña Beth y yo tuvimos esos diálogos maravillosos y divertidos; desde entonces, tuvimos un millón de conversaciones filosóficas. Ahora ella está en sus cuarenta con una maestría en Sociología, casada y con sus propios hijos. Podemos (y a menudo lo hacemos) hablar de cualquier tema del mundo, es tan divertido y emocionante hoy, como lo fue a principios de nuestra amistad. ¿Por qué? Porque la raíz de nuestra amena conversación está *en* Beth.

Si te quieres divertir durante las pláticas que tengas con tus amistades, aquí están algunas sugerencias para saber cómo tenerlas. Pueden lucir sencillas, pero te aseguro que son efectivas:

- Sé cariñosa y amigable con todos los que están a tu alrededor.
- Escucha atentamente a lo que están hablando.
- Haz preguntas francas y divertidas.
- Sonríe cuando hables.
- Piensa en temas interesantes de qué hablar.

Unos domingos atrás, después del servicio de la iglesia, fui a comer con mi hermano Chuck Swindoll y su esposa. Durante nuestra conversación, le pregunté a Chuck: «¿Qué fue más difícil, ser estudiante en el Seminario Teológico de Dallas o ser presidente allí treinta y dos años después?»

Esa pregunta abrió las puertas a un diálogo divertido y muy, muy interesante, no solo con Chuck, sino con todos los demás que estaban sentados a la mesa. Hubo intensa atención, procesamiento, carcajadas, otras preguntas, comentarios y diversión para cada uno de nosotros.

Ninguna persona se robó el show; todos participaron. No solo fue inolvidable, sino que quedamos pensando cuándo podríamos reunirnos otra vez para almorzar juntos. Las conversaciones divertidas siempre nos dejan ganas de seguir.

{ VEINTICUATRO }

Acuérdate de notar cosas hoy

Una vez escuché a Diane Sawyer decir: «Lo más importante en la vida es prestar atención».

¡Me encanta esa frase! Hay tanto que ver, experimentar, observar y disfrutar en la vida. Pero muchas veces nos lo perdemos porque no estamos *presentes*. Nuestras mentes están a millones de kilómetros de distancia. Simplemente no estamos prestando atención.

Se ha dicho que los problemas y la mala yerba crecen con fuerza cuando no se les presta atención, así que si tenemos uno de ellos en nuestras vidas, es tiempo de que los saquemos de raíz. Uno de los profetas del Antiguo Testamento enfatizó ese punto cuando escribió: «Pon atención, y mira con tus ojos, y oye con tus oídos todo» (Ezequiel 44.5).

Hace como un año, una amiga me dio un libro titulado *How to Be an Explorer of the World* [Cómo ser explorador del mundo], con el subtítulo:

Museo portátil de la vida. Como a mí me fascinan los museos de todas maneras, la idea de tener uno portátil, me emociona. Hay páginas en el libro para tomar notas, hacer listas, dibujar, guardar colecciones, anotar datos y documentar objetos. Digo, ¿qué es lo que tiene este libro que no me guste? Obviamente, fue hecho a mi medida.

Así que lo puse a prueba. Tenía una cita con el doctor para examinar mi ojo izquierdo, en el cual me habían hecho cirugía para las cataratas un par de semanas atrás. En camino a mi examen posoperatorio, decidí asegurarme de buscar cosas que nunca había visto. En otras palabras, quería ver *todo*. Estaba en búsqueda de cosas que pudiese anotar en mi nuevo libro de museo portátil. Hasta le pedí al Señor que me hiciera consciente de objetos ocultos, inusuales y diferentes, no solo para mi propia diversión, sino para estar plenamente consciente de la vida que me rodea.

Como mi «ojo malo» tenía que ser dilatado para el examen, una amiga me preguntó que si quería que me llevara a la cita. ¡Ah! «¡Gran idea!», le dije, sabiendo que ese plan me permitiría usar mi «ojo bueno» para ver cosas. Nos fuimos, ella mirando el camino y yo viendo el paisaje.

Vi varias cosas que no había notado antes y las apunté. Pero el ganador y el factor decisivo, sin lugar a dudas, sucedió cuando llegamos a la oficina del doctor, la cual está en el segundo piso y tiene ventanas por todos lados. Enfrente está una estación de ferrocarril y entre ese edificio y la oficina del doctor hay postes telefónicos y cables en lo alto.

Claro que había visto la estación de ferrocarril anteriormente y gente caminando alrededor, pero nunca había notado los postes ni los cables entre los edificios, aunque estuve yendo a la oficina de ese doctor varios años. Mientras estaba notando cosas ese día, me di cuenta de que no solo los postes y los cables eran nuevos para mí, colgando en uno de los cables había un par de zapatillas que alguien lanzó allá arriba después de amarrar los cordones. Allí estaban, meciéndose con el viento.

Estaba emocionadísima. ¡Qué hallazgo!

Les pregunté a tres o a cuatro personas que trabajaban allí, que desde cuándo esas zapatillas habían estado meciéndose arriba; ni una persona las había visto antes. Cada empleado a quien le preguntaba, me decía algo así como: «¡Ah, caramba! ¿Mira eso? ¿Me pregunto por cuánto tiempo han estado allí?»

No solo escribí acerca de eso en mi libro, sino que también me escribí una nota de crítica útil: «¡Detente, Luci! Tienes que detallar más a menudo».

Con cuánta frecuencia pasamos un día entero sin notar lo que está frente a nosotros? No es nuestra intención ignorar las cosas que están a nuestro alrededor y no significa que no nos importa. Simplemente no prestamos atención.

Te reto a que mantengas los ojos abiertos y el corazón sensible a las sorpresas excepcionales, coloridas y a veces humorísticas en tu vida. Hará tu día más brillante y mucho más divertido. Pruébalo. Te va a gustar. Anótalo.

Y mientras lo estás haciendo. Escribe esto también. Es un buen consejo: «Por cuanto me has alegrado, oh Jehová, con tus obras; en las obras de tus manos me gozo. ¡Cuán grandes son tus obras, oh Jehová! Muy profundos son tus pensamientos. El hombre necio no sabe, y el insensato no entiende esto» (Salmo 92.4-6).

VEINTICINCO

No te involucres en asuntos ajenos

Hace muchos años, cuando trabajaba en California, un ingeniero entró al cuarto de dibujo un día, cuando seis u ocho de nosotros estábamos trabajando en nuestras mesas. Todos lo conocíamos y pudimos notar que algo andaba mal. El hombre (llamémosle Fred), estaba furioso. Otro ingeniero más joven que él y con menos años de servicio, había sido promovido a una posición de liderazgo y Fred estaba enojadísimo. Se quitó el casco, lo tiró hacia el otro lado del salón y comenzó a decirnos todo lo que sucedió y cuán enojado estaba con la gerencia. (En poco tiempo fue fácil ver por qué no consiguió la promoción.)

Los que estábamos en las mesas de dibujo solo lo observamos con la mirada perdida tratando de entender qué quería y luego volvimos a nuestros trabajos. Nadie dijo nada, no era nuestro asunto, así que al fin salió del cuarto a grandes zancadas, más enojado que una gallina mojada.

Poco después, lo despidieron del trabajo y la vida siguió igual, como siempre, para el resto de nosotros.

Hay veces que suceden cosas que no son asunto nuestro. Tal vez queramos decir algo, pero si somos sabios, mejor. Nos quedamos callados, nos volteamos e ignoramos el hecho de que alguna vez haya sucedido.

Saber cuándo prestar total atención, mi tema en el capítulo anterior, y cuándo no prestar atención —el enfoque de este capítulo—, es cuestión de discernimiento. Y me atrevo a decir que el discernimiento es un regalo que viene con los años. Discernir cuándo no prestar atención es la decisión más difícil.

Como soy adversa al conflicto por naturaleza, es fácil para mí no enredarme en situaciones como la antes descrita. No me gusta la confrontación y, si la gente discute en mi presencia, a menudo me da dolor de estómago. Mi primera decisión siempre es no involucrarme en problemas que no tienen nada que ver conmigo.

Cada uno de nosotros necesita mantener una línea imaginaria en nuestro pensamiento que no crucemos cuando algo no sea nuestro asunto. Por ejemplo, si alguien está peleando verbalmente en un restaurante, en la mesa contigua, no te metas. Eso no te incumbe, tampoco a mí. Si el furioso Fred brinca en tu oficina, queriendo que tomes partido y que riñas con la gerencia, no te metas en eso tampoco.

Me fascina el pequeño versículo de 1 Tesalonicenses 4.11 que dice: «Quédate tranquilo, no te metas en lo que no te incumbe, haz tu propio trabajo». Eso sí es para mí [paráfrasis de la autora].

No obstante, déjame apresurarme a reconocer que hay momentos en que necesitamos involucrarnos, querámoslo o no. Quizá las palabras «no te involucres» en el título de este capítulo deberían ser «discierne bien», porque el discernimiento es la percepción que viene a través de los sentidos o el intelecto, y de eso es lo que realmente estoy hablando aquí.

Estaba con una querida amiga, hace unos cuantos años, viajando por carretera y nos detuvimos en un lugar lleno de gente, parecido a una choza en la cual vendían conos de helado. Mientras estábamos allí, un autobús lleno de niños exploradores también se detuvo. Los niñitos estaban corriendo por todos lados, divirtiéndose, mientras que la líder, una mujer, estaba comprando los helados y llamando a cada uno para que vinieran a tomarlos. El pequeño Ronnie no acudió cuando lo llamaron, lo cual hizo que la mujer se enojara. Cuando finalmente llegó, ella estaba tan furiosa que gritó: «Niño mocoso. Tú vienes cuando yo te llamo. ¿Me oyes?»

Le dio tal manotazo en la cabeza que el golpe lo tiró al suelo. Yo solo me quedé mirando y casi se me caen los dientes. ¿Pero mi amiga? Se levantó con la cabeza en alto y le dijo a la mujer firmemente: «La mocosa eres tú. Y si le pegas a ese niño otra vez, vas a tener que lidiar conmigo».

Te digo, yo estaba tan avergonzada que hubiese podido esconderme debajo de una roca. Mientras yo recobraba la cordura, cada persona en el área (con excepción de la líder y yo), estaba aplaudiendo a mi amiga. Ella simplemente no iba a tolerar el abuso infantil; ese día aprendí que yo tampoco debía tolerarlo, no importa cuán humillada o avergonzada me sintiera.

Todos tenemos que decidir por nosotros mismos qué es lo que no es nuestro asunto. Tenemos que establecer nuestros propios límites. Algunos son muy claros, otros implican estudiar opciones, juzgar, discernir la verdad, trazar límites y considerar todo lo relacionado. No puedo responder por ti y tú no puedes responder por mí. Pero Dios puede responder por ambas y podemos pedirle que nos guíe.

VEINTISÉIS

Piensa antes de hablar

La sabiduría es una virtud. La persona sabia piensa antes de hablar. Decir mucho usualmente refleja que se piensa muy poco. Recientemente encontré estos versículos fantásticos en Eclesiastés 5.2-3 y me sorprendió cómo plantea la Biblia este consejo tan claramente: «No digas demasiado, ni hables antes de pensar. No te precipites a decirle a Dios lo que crees que él quiere escuchar. Dios está al mando, no tú. Mientras menos hables, mejor» [paráfrasis de la autora].

Ese pasaje es muy directo, ¿verdad? ¿Alguna vez has notado cuán imposible es recobrar tus palabras una vez que salen de tu boca? He conocido a unas cuantas personas que necesitan un botón de rebobinado cerca de sus labios para que disimuladamente puedan retrotraer sus palabras, oraciones o párrafos que en primer lugar nunca debieron haber dicho. Una de ellas es una muy querida amiga a la cual soy devota de por vida. Me encanta su compañía, la admiro enormemente y daría mi vida por ella, pero hay algo que me gustaría mucho poder cambiar de su personalidad y ella lo sabe. En su entusiasmo por casi todas las cosas, muy a menudo dice algo que ella deseara no haber dicho o que yo deseara que no hubiese dicho. Simplemente no se detiene para pensar antes de hablar.

Por ejemplo, no es inusual para ella entusiasmarse tanto con unas buenas noticias que le doy en privado, que lo desembucha impacientemente en público porque quiere compartirlo con todo el mundo. En el segundo en que se acuerda que no debió contarlo, me pide disculpas y quiere presionar su pequeño botón de rebobinado, pero no existe. ¡Ay, no! A través de los años, las dos nos reímos a menudo con esta peculiaridad que tiene porque ella no quiere hacer daño en lo absoluto; es solo que su entusiasmo no la deja pensar bien.

Muchos años atrás, cuando aún no nos conocíamos muy bien, las dos planeamos un pequeño viaje de fin de semana, durante un día feriado que queríamos celebrar juntas. Cuando estaba hablando con una persona que ella conocía, mi amiga le dijo de modo informal: «Oye, puedes venir con nosotras si quieres», sin pensar jamás que su amiga iba a aceptar. Pero lo hizo.

Más tarde, cuando me confesó que íbamos a ser tres en vez de dos en el viaje, me dijo que nunca se le había ocurrido preguntarme primero, aunque inicialmente los planes eran solo para nosotras dos. Así que las tres nos fuimos de viaje, lo cual estuvo bien; pero cuando me acuerdo de eso, el incidente parece ser un ejemplo de un entusiasmo fuera de control, si es que hay algo así.

Proverbios 27.6 dice que las heridas causadas por un amigo son más valiosas que los halagos de un enemigo. Como creo eso (y mi amiga también), le he pedido muchas veces a través de los años, que hable conmigo primero antes de que ella me comprometa a hacer algo o a ir a algún lado, o antes de que me represente de alguna manera. Le he dicho: «Piensa antes de hablar».

Ella ha estado muy dispuesta a aprender y, aunque no tiene lo que llamaría yo un récord perfecto, ha estado haciendo lo mejor en estos días. Ella siempre quiere hacer bien, pero lamentablemente, su entusiasmo todavía ocasionalmente causa pesar, tanto en ella como en otros.

¿Cuántas veces tú o yo, hemos reaccionado negativamente o sin pensar ante una amiga (o incluso un desconocido), con palabras que hubiésemos deseado poder revocar? He visto a mujeres decirles cosas desagradables a sus esposos en ambientes sociales y me he sentido incómoda por la manera en que han hecho sentir al esposo. He visto a desconocidos gritarles de modo detestable a los dependientes de los almacenes y a los empleados del aeropuerto. He sido testigo de niños actuando con grosería hacia sus padres y a padres o madres de familia regañando severamente a sus hijos.

Todo eso podría ser diferente, si solo nos detuviésemos y usáramos el cerebro antes de abrir nuestras bocas.

Jesús lo dijo perfectamente: «Es el corazón, no el diccionario el que le da significado a tus palabras... Las palabras son poderosas; tómalas en serio» (Mateo 12.34, paráfrasis de la autora).

VEINTISIETE

Haz una lista de tus sueños y pensamientos

¿Sabías que la primera palabra que Picasso dijo fue lápiz? Pienso que fue mi primera palabra también. Me han fascinado los lápices toda mi vida, y si un lápiz y un papel están cerca, soy una chica feliz. Así que es evidente que me fascinan las listas. Las hago constantemente: Lo que hago, lo que quiero hacer, lo que he hecho. Ríete si quieres, pero creo que hacer listas es uno de los secretos más importantes para una vida feliz. Y lo mejor de todo, es simple; no requiere dinero, habilidad, educación, ni horario. ¡De veras! Solo escríbela y ya.

Mi inclinación hacia las listas empezó cuando tenía como unos doce años de edad y las personas empezaron a preguntarme qué quería ser cuando fuera grande. Lo creas o no, ¡yo lo sabía! Había hecho una lista, escribí lo que quería para mi vida: Sabía que quería ir a la universidad y trabajar en una oficina. Quería cantar en un escenario y aprender otros lenguajes. Quería viajar por todo el mundo y conocer personas de otros países. Quería leer muchos libros y hasta escribir uno algún día. No tenía idea de qué ni cómo iba a hacer todo lo que quería, pero no importaba. Lo relevante era que había escrito mi propia lista de quehaceres.

Dios también tiene una lista de quehaceres para nosotros. Él nos crea excepcionalmente, tiene planes y sueños con nuestras vidas. Al dar un paso pequeño a la vez, abre puertas y su voz apacible y delicada susurra: «Este es el camino, andad por él» (Isaías 30.21). El gozo de mi vida entera procede de que dependo de Él, que ha suplido y también ha cambiado todos mis deseos. He aprendido a confiar en Dios porque soy muy intencional y estoy consciente de su liderazgo.

Déjame contarte lo que hizo. En mayo de 1959, había un pequeño artículo en el periódico *Dallas Morning News* (ahora llamado *Al día*), que me llamó la atención. La primera oración decía: «La Ópera Cívica de Dallas va a tener audiciones corales el 29 y el 30 de mayo, en el Maple Theater del State Fair Music Hall, para la temporada de 1959».

El artículo acerca de qué óperas iban a ser interpretadas y en qué fechas, era extenso. Como aprendí un aria en la universidad, y tenía eso en mi haber, fui a la audición. Y, amigos, ¡el resto es historia! Fui aceptada en el coro y canté con la Ópera de Dallas por quince años, desde 1959 hasta 1973, cuando me mudé al sur de California.

Lo que sucedió como resultado de esa audición, es prueba de la veracidad de Efesios 3.20–21: «Dios puede hacer todo, sabes, ¡mucho más de lo que jamás te puedes imaginar, o adivinar, ni pedir en tus sueños más remotos! Él lo hace, no empujándonos por todos lados, sino trabajando en nosotros, con su Espíritu gentil y profundamente dentro de nosotros» [paráfrasis de la autora].

Por ser cantante de ópera, se me abrieron las puertas para trabajar en el escenario con muchas personas muy interesantes, incluyendo estrellas de la ópera como Dame Joan Southerland, Plácido Domingo y María Callas.

Muchas cosas maravillosas sucedieron como resultado de mi deseo de cantar en un escenario que ni siquiera estaba en mi lista de quehaceres. Tomé lecciones en italiano y viajé al exterior. Conocí personas de otros países y me quedé de visita en sus hogares. A través de ese sueño, Dios me dio mucho más de lo que le podía pedir o hasta imaginar. De hecho, dudo que hubiera podido hacer lo que estoy haciendo ahora, si mi vida no hubiese ido en el camino que ha tomado.

La verdad es que no tenemos idea de lo que Dios va a hacer en y a través de la vida que nos ha dado. Las Escrituras dicen que Él puede hacer cualquier cosa. Cualquiera. En los rincones de nuestro corazón, Él está haciendo cosas en este mismo minuto de las cuales no sabemos nada. Está abriendo puertas, arreglando problemas, reorganizando itinerarios, enderezando lugares torcidos. Está moldeándonos gentilmente y transformándonos en lo que quiere que nos convirtamos mientras abre los senderos para que lleguemos allí, susurrando: «Este es el camino, andad por él» (Isaías 30.21).

Hacer una lista de sueños y pensamientos ha sido una experiencia maravillosa para mí. No porque Dios tome mi lista de quehaceres como guía, sino porque sirve como un mapa que puedo mirar para ver cuán lejos me ha traído.

Te urjo encarecidamente que hagas una lista de los deseos de tu corazón, no importa la edad que tengas. Un día, vas a poder encontrar el origen de cómo esos sueños se hicieron realidad, gentil y profundamente, por el Espíritu Santo.

VEINTIOCHO

Toma el control de las situaciones con frecuencia

Cierto día leí algo interesante acerca del envejecimiento. Por primera vez en la historia, el número de personas menores de diecisiete años y mayores de sesenta y cinco, va a ser casi el mismo para el año 2030. Eso significa que los estadounidenses están viviendo hasta edades muy avanzadas.

Los científicos dicen que aun cuando las personas mayores no somos tan inteligentes con las computadoras como las más jóvenes, pensamos tan bien como ellas... aunque diferentemente. (¡Es bueno saberlo!) Los de la vieja generación pensamos con más reflexión, profundidad y conciencia. No seremos tan rápidos al procesar información como nuestros amigos más jóvenes, pero en vez de manipularla, la reducimos a conceptos y los vivimos.

La razón por la cual es valioso saber eso es que, algunos de ustedes que están leyendo este libro, tienen la misma edad que yo (setenta y nueve años) o son mayores, pero quizás estén pensando que ya es tiempo de darse por vencidos, abandonar la vida y dejar que alguien más se encargue de los desafíos que irrumpan. Sin embargo, créanlo o no, este es el momento que necesitamos para ser la gente sabia del mundo. Nosotros somos los que tenemos que evaluar, interceder, traer nuestra experiencia para ejercer presión y tomar el control de las situaciones cuando tengamos que hacerlo. Por virtud de la edad, somos mentores de aquellos que están siguiendo nuestros pasos. Tenemos que hacer las cosas que deben hacerse.

Mi abuela por parte de madre, fue un ejemplo perfecto de alguien que tomaba control de las situaciones a menudo. Yo era una adolescente cuando ella tenía más de sesenta años. Crecí entendiendo que ella era muy inteligente. Enseñaba a tocar piano, cantaba en el coro de la iglesia, tenía invitados en su casa todo el tiempo, hacía regalos a sus amigos y conocía personalmente a todos los que vivían en su pequeño pueblo en Texas. Nosotros, los niños, la llamábamos Momo, aunque su nombre real era Jessie Lundy. Mi abuelo, Orville, era un vendedor de seguros, pero cuando el dinero escaseó, Momo tomó control de la situación y encontró maneras de traer ingresos también. Vendía cajas de tarjetas. Y como conocía a casi todo el mundo, se forró, como decimos aquí en Texas. Algunos meses nos reíamos, porque ella traía más ingresos que abuelito.

No obstante, el talento más grande de Momo era hacer fiestas. Ella era estupenda juntando gente y encontrando maneras para entretener a todo el mundo. Si estaban tristes, o si se sentían solos o abandonados, los invitaba a la casa para comer y pasar una tarde llena de risas y diversión. Me acuerdo bien, cuando yo era pequeña en los años 1940, que mi familia fue a la casa de Momo a pasar el fin de semana, en el pueblo llamado El Campo. Invitó a todos sus vecinos y a sus amigos de la iglesia un sábado por la noche para tener una fiesta. Mis hermanos y yo hicimos una presentación en la sala: Un hermano tocando el piano, otro citando poesías y yo imitando a Danny Kaye, con canciones de sus películas. Todos cantábamos, bailábamos, nos reíamos y continuábamos conociendo gente y pasándola bien con viejos amigos. Momo estaba en su elemento, dándole gozo a toda la gente que conocía.

Aun cuando abuela empezó a mostrar su edad y no se estaba sintiendo muy bien, se las arreglaba para tomar un autobús, ir a visitarnos a nuestro hogar en Houston y animarnos a ver el lado positivo de la vida. Ella solía decir: «Desperdiciaremos el día a menos que nos echemos a reír a carcajadas». Qué actitud tenía hacia la vida. No solo se la amaba, sino que se la necesitaba. Nos ayudaba a ver el arcoíris en vez de las nubes. Su pura presencia nos daba propósito en la vida. Amaba al Señor con todo su corazón y lo mostraba de mil maneras. Al tomar control de las situaciones mientras vivía, siempre metía un cuadrangular.

Mi énfasis en este capítulo hasta ahora ha sido en la gente mayor que toma control de las situaciones, pero todos nosotros, no importa la edad que tengamos, necesitamos estar listos para hacer lo que es debido en cualesquier circunstancias que surja. Piensa en lo inspirador que es ver a los adolescentes salir a cortarle el césped a un vecino anciano, o ser voluntario misionero en lugares empobrecidos del mundo. Considera qué impresión causa una madre joven ocupada que va a cuidar a los niños de la esposa de un militar de su iglesia o de su vecindario para que pueda lidiar con una emergencia, o solo para tomar un descanso, mientras que el cónyuge está sirviendo en el exterior.

Una amiga me contó cuán sorprendida quedó cuando entró deprisa a un almacén en la época de Navidad y se dio cuenta de que el hombre que estaba de pie, solo, bajo el frío, sonando la campana con una olla roja recogiendo donaciones del Ejército de Salvación, era el rector de la universidad estatal de esa ciudad. La campana tenía que sonar y no había muchos voluntarios; claro, el rector estaba ocupado, pero vio la necesidad, se puso su abrigo, tomó el control y sirvió. Vemos a la gente tomar control de las situaciones a menudo y eso nos inspira a seguir su ejemplo.

Creo que es nuestro deber tomar el control de la situación tan a menudo como nos sea posible.

La vida es una responsabilidad espiritual, una fuerza moral a nuestro alrededor con pruebas desafiantes. No es una iniciativa privada que vivimos para nosotros mismos. Como cristianos, tenemos la responsabilidad de vivir como Cristo aun durante tiempos difíciles. El primer capítulo de Santiago da una clara imagen de ese llamado: «Amigos, considérenlo un regalo puro, cuando les vengan retos y pruebas por todos lados. Ustedes saben que bajo presión, la vida de fe es forzada al descubierto y muestra sus colores verdaderos... Cualquiera que enfrente un desafío fuerte directamente y se las arregle para salir adelante, es muy afortunado. Para aquellas personas que aman a Dios con lealtad, la recompensa es vida y más vida» (vv. 2–3, 12, paráfrasis de la autora).

VEINTINUEVE

Dale gracias a la gente por su esfuerzo

¿No es interesante lo que las dos palabras, *muchas gracias*, pueden hacer? Se ha dicho que la gratitud es la forma de cortesía más exquisita.

Mientras escribo esto, es domingo por la tarde, y esta mañana en la iglesia el mensaje fue acerca del valor de agradecer a aquellos que nos rodean y que a menudo son ignorados o no son reconocidos.

Se hizo una referencia a las personas de uniforme: los militares, los carteros, los policías y los bomberos, al igual que aquellos que hacen trabajos que no son agradecidos como los que recogen la basura y los que limpian las calles. ¿Y qué hay con los cajeros en el supermercado o con la mujer en el teléfono que hace tus reservaciones de viaje?

Puede ser fácil acordarse de darles las gracias a nuestros familiares o nuestros compañeros de trabajo por los regalos y favores que nos han hecho: ayudarnos en los momentos difíciles, llevarnos a la casa cuando nuestros autos están en el mecánico, sorprendernos con un regalo de cumpleaños. Pero, ¿qué hay con las cosas grandes que hace nuestra familia por nosotros?

Le pregunté a una amiga que tiene un niño pequeño, como de unos siete años de edad: ¿Qué es lo más difícil de ser madre? Pensó por un minuto y luego me dio una respuesta maravillosa: «Todo es crítico». ¡Eso me encantó! Estoy segura de que es verdad. No sería lindo que cuando su varoncito creciera, como hombre adulto le dijera a su madre: «Gracias por los años en que hiciste cosas por mí. No solo recogiste mi ropa, me la lavaste, me ayudaste con la tarea, te aseguraste de que llegara a los lugares a tiempo, sino que me enseñaste cómo ser amable y llevarme bien con los otros niños mientras jugaba en el patio de recreo, pero también hiciste posible que llegara a donde estoy hoy porque sabías que todo era importante. Solo quiero darte las gracias por eso, mamá».

La mayoría de las madres probablemente se desmayarían si sus hijos adultos les dijeran eso. Sin, embargo, qué maravilloso sería.

Cuando yo estaba en la secundaria, tocaba el chelo. Soy cantante principalmente, pero todos en mi familia tocaban un instrumento, así que yo también quería tocar uno. Solo por diversión y en las fiestas de fogata, tocaba el ukelele, pero cuando me ofrecieron la oportunidad de tocar el chelo en la clase de orquesta, dije que sí. Siempre me han gustado los sonidos que salen del chelo, pero no tenía idea de lo difícil que era tocarlo. No obstante, estaba determinada a aprender. Poco a poco mejoré, pero nunca fui lo que uno llamaría buena en ese sentido. Sin embargo, mi maestro de música en la secundaria, el señor Seastrand, que podía tocar todos los instrumentos de una manera hermosa, me animó a que siguiera adelante. Hasta me dieron una pequeña parte para que tocara un solo en una de las piezas que nuestra orquesta ejecutó. Yo estaba aterrorizada porque tal vez lo iba a hacer mal, así que practiqué hora tras hora para poder hacerlo bien. Cuando terminó la presentación, el señor Seastrand me dijo: «Lucille, tocaste hermosamente esta noche. Realmente hiciste que ese solo cantara. Cada nota estaba entonada. Solamente piensa, quizás un día seas una chelista famosa. Nunca sabes. Gracias por el trabajo bien hecho».

No podía esperar para contárselo a mis padres y escribirlo en mi diario. Fue uno de los halagos más amables y sinceros que jamás recibí en mi vida y, viniendo de él, era increíble. Puedes darte cuenta de que significó mucho para mí, porque eso fue hace sesenta y cinco años y nunca se me ha olvidado. Aquí está lo que realmente hizo que ese halago sobresaliese: El señor Seastrand no dijo el usual «buen trabajo», que tantos de nosotros lanzamos a los intérpretes que conocemos o con quienes nos encontramos. Me dio las gracias, reconociendo el arduo trabajo que había hecho preparándome para el solo.

Un chelista tocó en mi iglesia durante la ofrenda, justo antes del mensaje acerca del agradecimiento. Las dos partes del servicio me hicieron pensar en las palabras del señor Seastrand, lo cual me hizo recordar el valor profundo que tiene la gratitud. No nos cuesta nada darle gracias a otra persona, pero para quien recibe nuestro agradecimiento, puede que sea inestimable e inolvidable.

TREINTA

Adquiere una habilidad totalmente nueva

Mi amigo Scott es parapléjico. Cuando tenía diecisiete años de edad sufrió un accidente de motocicleta y su espina dorsal se partió en dos. Hospitalizado por veintiocho días, uno de los doctores le dijo que debía acostumbrarse al hecho de que nunca más iba a tener una vida normal. Era dudoso que alguna vez tuviera un trabajo, un hogar y una familia propia. En un esfuerzo por preparar a Scott para lo peor, el doctor le dijo que se resignara a estar confinado a una silla de ruedas por el resto de su vida; todo eso fue significativo.

En contraste, la mamá de Scott miró las circunstancias de él muy distinto. Le dijo a Scott que aun cuando era verdad que iba a estar en una silla de ruedas, lo único que no iba a hacer era caminar. Todo lo demás estaba en sus manos y, con la actitud correcta, podría hacer lo que quisiera.

Tremendamente motivado, empezó a pensar en todo lo que podría hacer y dejó de limitarse a sí mismo al pensar en lo que no podía.

Ahora Scott tiene cuarenta y tres años de edad, felizmente casado y con un niño de nueve años de edad llamado Garrett. Con una fuerza de voluntad gigantesca, Scott hace más que la mayoría de los hombres que son físicamente capaces. Es fuerte y está en buena forma. Maneja un auto, corta el césped, juega en un equipo de tenis y esquía tanto en agua como en nieve. Edificó un establo y una cerca en el terreno que rodea su casa. Disfruta como entrenador del equipo de básquetbol de su hijo Garrett y manejando las motos de cuatro ruedas con él. Lleva a su familia a esquiar en jet y a acampar.

Scott es un prodigio. Verdaderamente, puede hacer cualquiera cosa excepto caminar. Y ahora está aprendiendo nuevas habilidades. Por su brío innato y una madre que lo animó a ser valiente, ha aprendido a hacer cosas que han desafiado la deprimente predicción de aquel doctor años atrás.

Aprender nuevas habilidades puede ser desafiante, pero también nos puede llevar a actividades más placenteras y gratificantes. Sin embargo, muchas estamos muy inseguras. Nos preocupamos, ¿soy lo suficientemente buena? ¿Lo suficientemente fuerte? ¿Lo suficientemente sana? ¿Lo suficientemente valiente? ¿Tengo suficiente dinero o entrenamiento? O quizá, como adultos, aprendemos nuevas habilidades por necesidad y pensamos: *¿Por qué abordar más de lo que tenemos que hacer?*

Si esa es tu actitud, aquí tengo una sugerencia: Aprende algo divertido. En vez de sentarte frente a un televisor o una computadora por horas, matando el tiempo, considera aprender a...

- **Tejer:** Puede ser divertido y gratificante aprender a crear algo de la «nada». Tuve una amiga que llegó a ser tan buena en esto, que tejió un par de guantes mientras estaba viendo una película.

- *Hacer malabarismos:* Imagínate el día en que puedas tirar tres bolas al aire y que puedas mantenerlas así.
- *Jugar al yo-yo:* Una vez conocí al campeón mundial, era tan bueno que lo jugaba en su bolsillo.
- *Tocar la armónica:* Mi papá, que tocaba la armónica, era muy popular en las fiestas.
- *Dibujar:* Para mí, el tiempo vuela cuando dibujo personas, lugares y cosas que están a mi alrededor.
- **Construir algo:** Uno de mis ex compañeros de trabajo y su esposa, construyeron un barco y vivieron en él.

Cuando estás aprendiendo una habilidad nueva y divertida, no tratas de impresionar a nadie; solo disfrutas uno de los secretos para una vida feliz. Tu búsqueda de un nuevo interés o aprender una nueva habilidad puede hasta ayudarte a hacer nuevos amigos. Y si ninguna de esas habilidades físicas te atrae, imagina las tuyas. Establece metas, empieza haciendo cosas pequeñas, invita a tus amigos para que te acompañen y diviértete a todo dar.

Si no quieres hacer algo físico, ¿qué tal si trabajas en unas cuantas habilidades mentales? Todos necesitamos mejorarlas. Aquí esta una lista para empezar, pero ten la libertad de hacer la tuya:

- Lidiar con la vida
- Mantener la calma
- Disfrutar la soledad
- Administrar tu tiempo
- Reírte de ti misma
- Practicar tu fe

Mientras estemos vivos, tenemos la capacidad de aprender. Cuando escuches una voz en tu mente susurrándote que puedes hacer algo, piensa en Scott y en otras personas que conoces que han superado desafíos y han aprendido otras habilidades.

La vida es muy corta para esperar a que todo sea perfecto o a que puedas caminar sobre el agua antes de adquirir una nueva habilidad. Ese día nunca va a llegar. Empieza aquí mismo, ahora mismo. Empieza con lo que tienes sin preocuparte por lo que no tienes.

CUARTA PARTE

Cómo tener una vida buena

{ TREINTA Y UNO }

Sujétate a la doctrina

El año en que me gradué de la universidad, regresé a casa para vivir con mis padres en Houston por un par de años. Durante ese tiempo, mamá, papá, mi hermano menor y yo, asistimos a una iglesia basada en enseñanzas bíblicas. (Mi hermano mayor se había casado y estaba viviendo en otro lugar.) Las clases bíblicas a las que íbamos, se daban cuatro noches a la semana, y no me acuerdo haber faltado ni a una. Yo *vivía* para ir a esa clase bíblica y cada semana tomaba muchas notas. Al parecer, no podía absorber suficiente enseñanza acerca de Dios, de su Palabra y de sus caminos. Fui una esponja que cayó en el océano y lo absorbió hasta que lo secó por completo. Por ejemplo, aunque había leído 2 Timoteo 3.16–17 varias veces con mi familia, cuando lo estudiamos en esa clase, realmente entendí, por primera vez lo que significaba: «Cada parte de las Escrituras es dada por Dios y ayuda de una manera u otra, enseñándonos la verdad, exponiendo nuestra rebelión, corrigiendo nuestros errores, entrenándonos para vivir como Dios quiere. A través de la palabra, somos preparados y moldeados para la tarea que Dios tiene para nosotros» [paráfrasis de la autora].

La enseñanza doctrinal me instruyó cómo llevar la vida cristiana. Aprendí doctrinas que me aclararon la Biblia y acerca de Dios el Padre, Hijo y Espíritu Santo. Estudié doctrinas sobre la humanidad, el pecado, la salvación, la iglesia y el fin del mundo. Se me abrió un mundo de datos e información y me puse en un nuevo camino.

Aprendí que los Diez Mandamientos fueron escritos bajo la ley de Dios y lo *más importante* es que ahora vivo bajo su maravillosa gracia. Y viviendo bajo la gracia de Dios, aprendí que la cultura, mi pasado, mis compañeros, mis temores, aun mis sentimientos, ya no podían dictar mi forma de vivir. Aprendí que al caminar por fe, podía agradar a Dios, conocerlo y disfrutar la vida entera en su presencia.

Mis sentimientos rigieron mi comportamiento gran parte de mi juventud. Y cuando fluctuaban, mi actitud también lo hacía. Pero una vez que obtuve una sólida fundación doctrinal, entendí que *no importaba cómo me sintiera*, Dios todavía me amaba y el Espíritu Santo iba a estar conmigo, guiándome, perdonándome, llevándome, cuidándome y alentándome, a pesar de mis sentimientos, porque la doctrina bíblica no fluctúa. Es sólida como una roca. Por fe confié en Dios y en su Palabra.

Para aceptar la enseñanza doctrinal y hacerla propia, son esenciales tres factores: Aceptar el hecho de que todas las Escrituras han sido dadas por Dios, entender la estructura de las Escrituras, cómo son escritas, y tener una clara interpretación de las verdades bíblicas. La doctrina es un sistema de enseñanzas que se relacionan a un tema en particular. En este caso, cuando hablo de doctrina bíblica cristiana, me refiero a las revelaciones que yacen en la Biblia sobre Dios y la humanidad. Es tan simple como eso, y tan difícil.

Creí en Cristo Jesús desde niña y le pedí que entrara en mi corazón, pero en ese entonces lo único que realmente sabía acerca de la Biblia era el evangelio: Que Cristo murió por mis pecados y resucitó de entre los muertos y que, al confiar en Él como mi Salvador, fui perdonada de mis pecados, tenía un hogar eterno en el cielo cuando falleciera, estaba segura de que Dios me amaba completamente y no podía hacer nada para perder mi salvación. En virtud de ello, tenía que dar a conocer las buenas nuevas a cada persona que conociera. Creí eso y he vivido según esa creencia exclusivamente.

Aunque esas verdades son absolutamente maravillosas y en verdad cambian la vida, y aunque estuve activa en la iglesia toda mi vida, sabía poco o nada acerca de las verdades profundas que ayudan a la persona a crecer en la fe. Mis dulces padres y mis hermanos tampoco tenían ese fundamento, hasta que todos empezamos a asistir a la maravillosa clase bíblica que lo cambió todo.

Así que, en mi opinión, un conocimiento activo de la doctrina bíblica puede que sea el factor más importante para tener una vida feliz, ya que pone y mantiene todo en la perspectiva correcta. *Selah*.

{ TREINTA Y DOS }

Busca maneras de ayudar

Pasó un largo tiempo antes de que supiera que la Biblia hablaba acerca de algo que muchos llaman: «El don de ayudar». Estaba familiarizada con los dones espirituales más prominentes, como el de la evangelización, la enseñanza, la profecía, la sanidad y demás. Pero, ¿un *don de ayudar a otros*? No tenía ni la menor idea. El concepto proviene de 1 Corintios 12.27–28, el cual hace referencia a nosotros —en la iglesia universal—, los que tenemos varias partes que aportar. Esas partes son definidas por los dones espirituales de uno que se usan para hacer que las cosas marchen.

En retrospectiva, te puedo decir con seguridad que mi mamá tenía el don de ayudar. Parecía que podía detectar las necesidades de otras personas y satisfacerlas sin esfuerzo. Para ella era normal llevarles comida a los vecinos que estaban enfermos o que se estaban recuperando de una cirugía, traerles comestibles a las personas que no tenían auto, invitar a las personas a que vinieran a casa con nosotros cuando estaban solos. Me fascinaba esa cualidad de ella. Me encanta en cualquier persona.

El don espiritual de ayudar a otros, casi siempre se manifiesta en una actitud servicial. Al ser receptivo a las necesidades de otros, el ayudante hace lo que sea necesario para realizar el trabajo. Es interesante ver que la palabra ayuda en las Escrituras, en griego, significa «tomar en vez de». Es hacer el trabajo de otra persona. ¡Una hermosa descripción visual!

Tengo dos amigas que comparten la misma casa en mi vecindario y ambas tienen ese maravilloso don espiritual de ayudar. Siempre están buscando oportunidades para asistir. No es que en verdad tengan *tiempo* para hacerlo; solo piensan en eso. Es un don. La mayoría de las veces, cuando una de ellas va al centro comercial, a la tienda, al supermercado, a la tintorería o a cualquier otro lado, me pregunta si necesito que me haga algún mandado mientras está fuera. Y aunque les diga no gracias, es muy probable que se aparecieran en el umbral de mi puerta con una sorpresa. ¡Un cariñito!

Cuando la casa en la cual vivo estaba en construcción, una de ellas (que había supervisado el trabajo de construcción de su propia casa que estaba cerca de la mía) trabajó todos los días con mi albañil cuando estuve viajando o dando charlas, solo para asegurarse de que todo estaba siendo construido como yo lo quería. Y apenas me mudé, la otra se ofreció como voluntaria para ayudarme a poner todo en orden: Para poner los libros en los estantes, organizar la cocina, poner la ropa en ganchos y desempacar las cajas. Como animó a otros a que ayudaran, parecía más una fiesta que un trabajo. La atención de mi amiga a cada detalle, nunca paró. Aun cuando ella y su compañera de apartamento son muy diferentes en cuanto a sus dones, las dos sirven y ayudan a los amigos del vecindario. ¡Ahora estoy empezando a pensar que quizás el don de ayudar puede ser contagioso!

La primavera pasada, la lavadora de ellas se dañó en medio de una tanda enorme de ropa y hubo agua *por todos lados*. Cuando me llamaron para preguntarme si podían traer sus ropas mojadas a mi casa para lavarlas, me emocioné muchísimo. Mientras una de ellas estaba llamando al plomero, la otra se metió a mi garaje arrastrando una bolsa negra de basura llena de ropa mojada. La levantamos juntas, la pusimos sobre el lavadero y la metimos en la lavadora. Ella se estaba disculpando tanto que fue difícil para mí mostrarle mi agradecimiento. Mientras me deshacía en elogios con lo emocionada que estaba de poder ayudarlas con ese problema, mi amiga se sonrió y me dijo: «Luci, esto no es todo, tengo seis bolsas más llenas de toallas mojadas en el baúl del auto. Usamos todas las toallas que teníamos en la casa para secar el agua. ¿Puedo dejarlas para que me las laves?» Ni siquiera puedo decirte cuánto significó para mí poder decirle que sí: «¡Ah, caramba! ¡Sí!», a estas amigas que han hecho tanto por mí. Lo dije de todo corazón. Lavé, sequé, doblé la ropa y las toallas por las siguientes seis horas, escuchando música, mientras trabajaba. Me encantó ayudar con ese problema imprevisto.

Créeme, no tienes que tener el «don de ayudar» para decirle a una amiga: «¿Puedo hacer esto por ti?» Aunque sea alguien que jamás hayas visto en tu vida, cuando extiendes una mano de ayuda, produces gozo tanto en ti como en la persona que recibe la ayuda. Hay algo indescriptible en eso de encontrar felicidad al ayudar a otros.

Me fascina ayudar a aquellos que necesitan aliento. Quizá sean expresiones de ánimo. Tal vez necesiten que los lleve en mi auto cuando el de ellos no funciona. Quizá sea una carta o un correo electrónico, o una visita porque se sienten solos. A lo mejor sea comer juntos y pagar la cuenta. Tal vez sea lavándoles la ropa a unas amigas porque se les dañó la lavadora. Dios nos da oportunidades para todas esas cosas y mucho más, cuando simplemente extendemos la mano para ayudar.

La Segunda Carta a los Corintios 1.6–7 lo dice muy bien: «Si nos tratan bien, si nos han extendido una mano de ayuda y una palabra de aliento, eso también trabaja para tu beneficio, animándote, de frente, incondicionalmente. Tus tiempos difíciles son nuestros tiempos difíciles también. Cuando vemos que estás dispuesta a soportar los tiempos malos como los buenos, sabemos que lo vas a lograr, sin duda alguna» [paráfrasis de la autora].

⟨ TREINTA Y TRES ⟩

Dilo tal como lo ves

En 1989 escribí un libro titulado *Totalmente franca: Un diario de pensamientos y actividades para la cotidianidad*. Mi amiga Carla me ayudó a crear el material gráfico y juntas le dimos al lector la oportunidad de decir lo que sinceramente sentían durante cincuenta y dos semanas de cualquier año. Era un lugar para que el lector lo «dijera tal como lo veía» día tras día. Siendo alguien a quien le encanta escribir diarios, quería animar a la gente a que fuese sincera, real y a que no tuviese temor.

He escrito diarios muchos años de mi vida y he anotado mis pensamientos y mis actividades. De los cuarenta y seis diarios que he llenado, no hay ninguno que no sea valioso para mí. Y cuando me preguntan: Si tu casa estuviese quemándose, ¿qué es lo que agarrarías primero? Contestaría sin titubear: «Mis diarios». Ese sería un brazado, lo sé, pero es la verdad. Esos diarios relatan mi vida. Contienen mis alegrías, tristezas, cambios, temores, metas, deseos, arrepentimientos, inquietudes e imaginaciones.

Cuando tenía más o menos mi edad, E.B. White escribió: «Aun ahora, tan tarde en el día, una hoja blanca de papel posee el entusiasmo más grande que hay para mí, es más prometedora que una nube de plata y más bonita que una camioneta roja». Estoy totalmente de acuerdo.

Mira algunas de las formas en que escribir un diario nos ayuda a disfrutar una vida feliz:

- *Conocernos a nosotros mismos.* Cuando tomamos tiempo para escribir en un diario, abrimos nuestros corazones francamente pero en privado. Lloramos, nos reímos, tememos, nos preocupamos, nos animamos, sentimos y procesamos todo tan profundamente como queramos sin que nadie sepa, le importe o nos critique. Ser autobiográfico es un medio excelente para revelar la verdad acerca de nosotros mismos.
- *Agrupa los hechos.* Piensa en las personas cuyos legados se encuentran en sus diarios: Eugene Delacroix, León Tolstoy, la Reina Victoria y Anne Frank, para nombrar algunas. A causa de los hechos recolectados que fueron escritos en sus diarios y remembranzas personales, se salvaron historias que, de lo contrario, se hubiesen perdido.
- *Disfruta la solitud.* Mientras estamos a solas, quizá nos sintamos solitarios y sin propósito. Pero, tener un diario nos da la sensación de que tenemos un amigo en el cuarto que nos conoce y nos acepta. Decirle al diario cómo van las cosas es como hablar con un ser querido.
- *Haz referencia a las memorias.* Cuando no podemos acordarnos de las fechas, hechos y resoluciones, es muy probable que estén en algún punto en nuestros diarios. Con un poco de tiempo, podemos buscar en las páginas anteriores y encontrar qué es lo que nos quiebra la cabeza para tratar de acordarnos.

- *La nostalgia.* Ah, las veces que he releído las notas que escribí acerca de fiestas, reuniones y jornadas con miembros de mi familia o amigos muy queridos. Allí está en mi letra para que redescubra las historias que pasaron hace mucho tiempo.
- *Formula preguntas.* Los mejores interlocutores que conozco son los que hacen buenas preguntas y un diario es el lugar perfecto para preguntarte a ti misma primero. Eso crea un ambiente para descifrar qué es lo que quieres decir y cómo decirlo.
- *Escribe libros.* Para un autor, los diarios son invalorables; estos mantienen los hechos disponibles para siempre. No te puedes imaginar cuán a menudo he buscado actividades que sucedieron muchísimos años atrás, solo para asegurarme de que la información estaba correcta. Y está allí frente a mí, exacta, porque lo escribí cuando sucedió.

Cuando vemos o sentimos algo, la mayoría de las veces queremos expresarlo verbalmente. Con cuánta frecuencia hemos dicho: «¿Necesito escribir esto para que no se me olvide?» Un diario es el lugar para hacerlo. Al decir cómo fue nuestra vida salvada, dejamos un rastro acerca de lo que realmente somos. O fuimos.

Me encanta la declaración de Oscar Wilde en cuanto a su diario y me siento igual con respecto al mío: «Nunca viajo sin mi diario», dijo. «Uno siempre tiene que tener algo sensacional para leer en el tren».

{ TREINTA Y CUATRO }

Cerciórate de que tienes seguro

Estuve hospitalizada en el 2003 por una condición problemática llamada fibrilación auricular. Primero pensaron que era un ataque al corazón, pero después de unos días de atención y cuidado médico, los doctores determinaron que mi corazón estaba fuera de ritmo. Al tercer día, se corrigió a sí mismo y me dieron de alta. Todo eso fue un episodio interesante para mí, pero lo más increíble fue cuando recibí la cuenta. ¡Era por la suma de 33,000 dólares! Lo asombroso también fue que lo que realmente debía de esa factura eran 420. ¡Eso era todo! Todavía tengo el cheque cancelado para recordar la importancia de tener seguro de salud.

Irónicamente, más o menos en ese mismo tiempo, una querida amiga que no tenía seguro, fue hospitalizada para que le hicieran una cirugía. Era unos cuantos años menor que yo y no creía en tener seguro de salud. Mucho más tarde, cuando sumaron todos sus costos y se los enviaron, debía entre 75,000 a 100,000 dólares. Me miró directamente a la cara y me dijo: «Luci, ¿qué es lo que estaba pensando cuando decidí no obtener seguro de salud? Debí haber estado loca. Tuve que pedir un préstamo enorme para cubrir esa deuda y ahora estoy batallando para pagarla por completo. Tengo el presentimiento de que nunca voy a salir de deudas».

Una joven que vivía en Oxford, Ohio, falleció en el 2009, pocos días antes de cumplir veintitrés años. En un centro de urgencia fue diagnosticada con la influenza porcina y neumonía, pero su condición se empeoró cuando rehusó ir al hospital para tener el cuidado apropiado porque no tenía seguro de salud. Claro que hubiese fallecido de todas maneras, hubiese ido o no. Mi punto es que ella sintió que no tenía otra elección simplemente porque no tenía seguro.

Recientemente leí una estadística alarmante que decía que el treinta por ciento de los jóvenes entre los diecinueve y veinticuatro años de edad rehúsan obtener seguro de salud, solo para tener más dinero que gastar. Lamentablemente, hay adultos, mayores que ellos, que aparentemente piensan igual.

Como puedes ver, creo muy firmemente en tener seguro. Mi papá era vendedor de seguros cuando yo era niña y mi familia estaba «pobre por tener seguros», como dice la gente. No tengo ni la menor idea de cuánto gastaba papá anualmente en seguros, pero estaba muy consciente de asegurar todo lo que tenía: vida, salud, casa y automóvil. Aunque las pólizas no se usaban a menudo, estaban activas por si acaso las necesitáramos. Mi papá era un ejemplo vivo de lo que Suze Orman enseña: «Espera lo mejor, prepárate para lo peor».

Hay muchas razones por las cuales la gente necesita seguro, pero la principal es protección. Y parte de ser protegidos es saber lo que la póliza dice. Otra vez, sigo el ejemplo de mi papá y hago como él. Estoy consciente de lo que mi seguro cubre en caso de un problema. Supongo que hay mucha jerga que la gente no lee o no entiende cuando lo hacen. No obstante, es importante tomar tiempo para entender lo que tienes.

Quiero decir esto con todo el amor del mundo, pero muy seriamente: Si no tienes seguro, cómpralo. Para aquellos que dicen que confían que el Señor los va a cuidar, también diría muy seriamente que: Dios te dio un cerebro. ¡Úsalo! Hasta que nos mudemos al cielo, vivimos en un mundo imperfecto donde pueden suceder cosas malas. Asegurar los recursos y los regalos que Dios te ha dado en esta vida es una buena administración.

Aunque tengas que cortar algo más, no trates de vivir sin seguro. Lo considero obligatorio para tener una vida feliz. Puedo decirte por experiencia que una deuda abrumadora que domina tu vida, puede comerte viva. Mi amiga es una prueba viviente de que una deuda puede ser el resultado de no estar debidamente asegurado. Parte de ser felices es saber cómo administrar el dinero y un poco de ese dinero tiene que ser para comprar pólizas de seguro, de lo contrario, vas a gastarlo pagando la deuda en que incurriste porque pensabas que no lo necesitabas. Es tan simple como eso. ¡No tengo ochenta años de edad en vano!

TREINTA Y CINCO

Cierra todas las escotillas

La mayor parte de mi niñez la pasé en Carancahua Bay, una pequeña ensenada a lo largo de la costa sur de Texas, no muy lejos de Palacios. Mi abuelo era dueño de una cabaña allí, donde mi familia iba de vacaciones. Era un lugar donde podíamos nadar, pescar, dormir al aire libre, encontrarnos con parientes en las reuniones familiares y pasar momentos fabulosos sin ser costoso. ¡Nos encantaba!

El pasatiempo favorito de papá era pescar, así que para él esas vacaciones eran pura felicidad. Al único en la familia a quien no le gustaba ir a pescar era a Orville, mi hermano mayor. No obstante, ya que éramos muy pequeños para que nos dejaran solos en la cabaña, Orv tenía que acompañarnos. En vez de pescar, se sentaba en la proa del barco haciendo milagros con su juego de química, mientras que nosotros pescábamos la cena. Yo siempre temí que él explotara nuestro barco, pero gracias a Dios nos salvamos.

A menudo, mientras pescábamos, veíamos nubes acumulándose en el horizonte, indicando que venía una tormenta. Las gotas de agua empezaban a caer y el viento se levantaba. Si ignorábamos esas señales y nos quedábamos por mucho tiempo, una tromba marina como torbellino podría formarse y convertirse en un tornado. Luego entraba en erupción una masa progresiva de aire girando y caía un repentino y violento chaparrón. Me acuerdo muy bien de esas ocasiones ya que las instrucciones de papá siempre eran las mismas: «Cierren todas las escotillas, ¡ahora!»

¡Ah, caramba! Eso es todo lo que tenía que decir: Sacábamos nuestros sedales apresuradamente y amarrábamos la «cubeta de captura» a uno de los asientos, tirábamos el resto de la carnada por la borda y agarrábamos nuestros sombreros mientras papá prendía el motor y arrancaba para sacarnos del lugar. Y regresábamos a toda velocidad al cobertizo para botes. Todavía puedo oír a Orv diciendo: «¡Papito, no vayas tan rápido! ¡Mi vaso de ensayo va a salir volando!»

Pero papá no reducía la velocidad. El peligro estaba acechando y él sentía que tenía la responsabilidad de sacarnos de allí. Todos nos agarrábamos fuerte y salíamos zumbando hacia la costa.

«Cerrar las escotillas» es un término náutico que significa cerrar todas las puertas y las aberturas del barco antes de que llegue la tormenta. Se ha convertido en un modismo estadounidense que significa prepararse y protegerse a sí mismo de todas las maneras posibles para cualquier tormenta de la vida. Desde que era una preadolescente, he usado esa frase para acordarme de empezar a prepararme cuando siento que los problemas están acechando en el horizonte. Y esos problemas pueden venir de diferentes maneras: ansiedad, temor, mala salud, envejecimiento, carencia de dinero y la necesidad de dejar algo, para nombrar algunos.

No hace falta ser un genio para saber que tenemos que prepararnos para lo que posiblemente pueda ocurrir cuando esas circunstancias sucedan. Por ejemplo, quizá tengamos que tomar una decisión difícil que determinará la calidad de vida para los años que nos queden. Pudiera ser que tengamos que perder planes que han sido bien preparados. Es probable que tengamos que perdonar a un enemigo. Tal vez tengamos que ver la posibilidad de pedir o hasta contratar a otros para que nos ayuden en vez de lidiar solos con nuestros problemas. Sea lo que sea, tenemos que decidir conscientemente qué es lo mejor para nosotros mismos y hacerlo. Cuando estás cerrando todas las escotillas, no es momento de no hacer nada.

Al compartir este paso para tener una vida feliz, estoy animándolas a todas a que enfrentemos las tormentas de la vida con aceptación, fortaleza y gracia. Las Escrituras proveen una guía perfecta para la mejor forma de enfrentar esos problemas. Se encuentra en Marcos 14.38 que dice: «Mantente alerta, continúa en oración, para que no entres en una zona de peligro sin darte cuenta. ¡No seas ingenua!» [paráfrasis de la autora].

Cuando sepamos que el peligro está cerca, la preparación, la oración y la paciencia nos ayudarán a salir adelante.

La última vez que estuve con mi papá en un barco, se acercó un turbión y me asustó. Cuando era adolescente, pensaba que nunca lograríamos llegar a la costa porque las olas eran muy grandes y fuertes. Como papá estaba ocupado trabajando con el motor, no decía nada. Simplemente trataba de mantener mi mente enfocada en llegar a casa a salvo. Ahora que he vivido todos estos años y mi Padre celestial me ha salvado de tantas tormentas, sé que es capaz de llevarme directamente a casa si solo confió en él. Y cuando entro en una zona de peligro, no soy ingenua.

{ TREINTA Y SEIS }

Resuelve los problemas

George Washington Carver es uno de los ejemplos más invaluables de alguien que descifró la vida por sí mismo. Nacido en pobreza y esclavitud, su infancia fue virtualmente insoportable. No obstante, nos dejó un legado de regalos que son por su magnitud total, casi increíbles.

Cuando George tenía una semana de nacido, unos asaltantes nocturnos de esclavos lo secuestraron. Su dueño contrató a alguien para que lo encontrara y lo trajera de regreso. Para ello, lo intercambiaron por un caballo. Una mujer desconocida llamada «tía Susana», le enseñó a leer y a escribir, y grabó en su memoria esta frase: «Debes aprender todo lo que puedas. Luego ve al mundo y dale a la gente lo que aprendiste».

Eso fue exactamente lo que hizo. Determinado a conseguir educación, fue a la escuela a través de grandes dificultades y aprendió todo lo que pudo sobre cada tema que pasó por su camino, con lo que obtuvo una maestría en agricultura y varios doctorados honorarios.

Como si no fuese suficiente, recibió galardones de mérito y en 1952, la revista estadounidense *Mecánica Popular* lo eligió como uno de los cincuenta norteamericanos más destacados. Se imprimieron monedas y estampillas con su imagen. Varios museos llevan su nombre. Se hizo una película en su honor e ingresó al Salón de la Fama de los Inventores Nacionales. El reconocimiento que recibió George Washington Carver, que considero mi favorito, es el que obtuvo en 1941, cuando la revista *Time* lo apodó el «Black Leonardo» [Leonardo Negro] en referencia a Leonardo da Vinci, el gran inventor y artista del Renacimiento.

Su humildad, humanitarismo, frugalidad y buen carácter nos permitió al resto de nosotros disfrutar y beneficiarnos de sus logros en los campos de la educación agropecuaria, la mejora de las relaciones raciales, la guía y capacitación de los niños, la pintura y la escritura poética, una de cuyas poesías se titula: «Figure It Out for Yourself» [Resuélvelo tú mismo].

George Washington Carver no dejó ni una piedra en su lugar. Con sus setenta y nueve años de vida en la tierra como esclavo, científico, botánico, educador, inventor y cristiano (ya que aceptó a Cristo en su corazón cuando tenía diez años de edad), dejó un legado que descifra la vida de tal manera que deseamos emular su rechazo al materialismo y adoptar su amor por el aprendizaje. Carver murió en 1943 y en su lápida están estas palabras: «Él hubiese podido añadir fortuna a la fama, pero como no estaba interesado en ninguna, encontró felicidad y honor siéndole útil al mundo».

Resolver los problemas requiere disciplina y que observemos unas cuantas normas personales sencillas como: tener carácter, que es más importante que la reputación; saber qué es lo que podemos controlar y qué no; aprender que la buena vida es una con serenidad interna; no reprimir la generosidad nunca. Significa vivir sabiamente. Para descifrar algo, tenemos que examinar cómo encajan las cosas. Todos venimos equipados con las mismas herramientas: un cerebro, una conciencia, una voluntad y un corazón. Con estas herramientas miramos dentro de nuestras propias almas para poder entender qué es lo que está dentro de las de las otras personas. Y nuestra meta es comprender quiénes somos realmente. Tratamos de establecer el sentido común, de entender a otros y qué es lo que están diciendo, de aceptarnos a nosotros mismos, y de comprender por qué guardamos rencor y juzgamos. Aprendemos de nuestros errores. Puede que no sea fácil, especialmente al principio, pero es la manera más valiente de vivir.

Puesto que George Washington Carver estaba tan interesado en el desarrollo del carácter de sus estudiantes como en el de su intelecto, vivía regido a una lista de ocho virtudes y las enseñaba en sus clases. Te la dejo. Mientras piensas en ellas, trata de aplicarlas en los días, meses y años que están por venir.

- Sé limpia por dentro y por fuera.
- No admires a los ricos, ni tampoco desprecies a los pobres.
- Pierde, si necesitas hacerlo, sin chillar.
- Gana sin presumir.
- Siempre considera a las mujeres, a los niños y a los ancianos.
- Sé demasiado valiente como para mentir.
- Sé demasiado generosa como para engañar.
- Toma tu parte del mundo y deja que otros tomen la suya también.

Recuerda esto: Mientras descifras la vida por ti misma, empieza a hacer cosas comunes de una forma no común. Cuando lo hagas, vas a llamar la atención del mundo.

{ TREINTA Y SIETE }

Descubre qué es lo que mueve a la gente

Me fascina la gente. Podría sentarme en una banca en el parque todo el día y empezar una conversación con alguien sobre cualquiera cosa: rica o pobre, joven o vieja, hombre o mujer. No me interesa mucho lo externo (¿Dónde conseguiste esa cartera? ¿A dónde vas a viajar hoy?), como cuando descubro lo que motiva a la gente. Para mí, descubrir qué es lo que mueve la actividad interior de alguien ha sido la búsqueda de toda mi vida.

Es igualmente fascinante descubrir quiénes somos nosotros mismos. Quizás otros nos definan como la hermana, la esposa, la madre, la abuela, la amiga, la vecina o la empleada, pero ¿quiénes somos por dentro, sin paredes y sin techo? ¿Qué nos distingue?

Proverbios 22.6 dice: «Instruye al niño en su camino y aun cuando fuere viejo no se apartara de él». Eso significa que los niños criados bajo el cuidado y admonición del Señor, van a ser entrenados para seguir a Cristo cuando crezcan. Eso no significa que absolutamente *van* a seguirlo, sino que han sido entrenados para hacerlo. También significa que si buscan vivir entre los confines de sus talentos o se «inclinan», es muy probable que vayan a moverse en esa dirección.

Veámoslo de esta manera: Tengo dos amigas muy cercanas que se conocen muy bien, pero son tan diferentes como el día y la noche en cuanto a sus inclinaciones individuales. Una es casi clarividente en cuanto a las necesidades especiales de otros. Parece que sabe cuándo ofrecer ayuda, aun cuando no haya ningún pedido de antemano de una persona necesitada. La mayoría de las veces, mi amiga se encarga de la necesidad antes de que se presente. Ella puede detectar qué es lo que se tiene que hacer y lo hace. Encargarse de las necesidades de otros es básicamente lo que la motiva.

Mi segunda amiga tiene la habilidad de determinar qué acción se ha de tomar en lo que se refiere a necesidades sicológicas. Es una consejera nata y ha sido así desde pequeña. Cuando estaba en la secundaria, todas sus amigas hablaban con ella —acerca de sus problemas sobre sí mismas, sus novios, sus padres, sus vecinos—, porque sabía cómo ayudarlas de manera natural. Es como que hubiese podido ser una consejera a los quince años de edad. Su habilidad innata era su inclinación. La motivaba.

He pasado muchos años tratando de entender qué es lo que *me* motiva. He encontrado que lo que dice Viktor Frankl es verdad: «La creación del significado personal es clave para tener una vida satisfactoria». Descubrir lo que me motiva me ha ayudado a ver y a entender las inclinaciones que motivan a otros también.

Sugiero que empieces a entender lo que te motiva formulándote unas cuantas preguntas sencillas:

- **¿Qué es importante para mí?** Haz una lista de tus atributos esenciales y significativos, o actividades en orden de valor. Hice esto hace varios años y lo leo de vez en cuando para ver si esas cosas aún son importantes para mí. Y lo son.

- **¿Dirijo con mi mente o con mi corazón?** Lleva tiempo analizar cómo es que tomas las decisiones pero, una vez que las tomes, determina cuál es el siguiente paso. Mantén un buen equilibrio entre qué es lo que se necesita hacer y cómo te sientes después de que está hecho.

- **¿Cómo trato a otras personas?** Esta es una pregunta muy importante. Tu sistema de creencias, comportamiento y reputación están basados en tu respuesta. No hay sustituto para la amabilidad y la gracia en el diario vivir. Dice mucho acerca de lo que eres.

- **¿Concuerdan mis acciones con mi estilo de vida?** Esto no es tanto lo que haces, sino cómo lo haces. Cuando entiendes esto y vives por este principio, la paz interna será posible aunque vengan tiempos difíciles. No hagas tus propias reglas. Busca la armonía.

- **¿Quién es la persona que quiero ser?** Determina tus metas e ideales. Determina a quién admiras y por qué. No seas vaga. Aprende a definir quién eres solo contigo misma en la definición.

Te animo a que tomes tiempo a solas, aprendiendo a conocerte. Se ha dicho que la gente que celebra la solitud es la que hace más contribuciones a la humanidad. La solitud da claridad y revelación, y esos dos atributos te ayudan a descubrir lo que eres y lo que son las otras personas también.

{ TREINTA Y OCHO }

Rechaza al resentimiento antes de que supure

Por años le guardé rencor a una amiga. Fue hace mucho tiempo, pero me acuerdo muy bien de los sentimientos de ese dolor. Llevé ese resentimiento conmigo dondequiera que iba, era un cáncer en mi alma que me estaba comiendo lentamente.

Después de mucha convicción y muchas lágrimas, finalmente le abrí mi corazón egocéntrico y herido a Dios, y le pedí que me perdonara y me ayudara a limpiar el negro pozo de resentimiento que había acarreado por tanto tiempo. Y lo hizo. Fue lento y tedioso al principio, a causa de mi testarudez, pero puedo decir sin duda alguna que Dios me sanó. Cuando dejé de querer vengarme y le pedí a Dios que me perdonara, todo cambió y aprendí algunas de las lecciones más importantes de la vida.

El filósofo griego, Epícteto, una vez dijo que: «Una de las señales del amanecer del progreso moral es la extinción gradual de la culpabilidad». Lo creo. El minuto en que empecé a dejar de concentrarme en mi actitud negativa y puse mi atención en un Dios que perdona, el juego de la culpabilidad cesó. No quedó ningún resentimiento.

Me he preguntado mil veces por qué no luché contra ese resentimiento antes de que se convirtiera en una piscina purulenta en mi espíritu. Fui una tonta por esperar. Fui inmadura. Quería que la otra persona sufriera por el resentimiento que yo estaba acarreando. Realmente creía que era tan sencillo.

¿Te has encontrado alguna vez en ese barco? Es probable que sí. Es raro el individuo que puede ir por la vida sin sentir resentimiento, guardar rencor o echándole la culpa a otra persona por una ofensa. Y, aparentemente, la única forma para que eso no suceda es luchar contra el resentimiento antes de que tenga tiempo de supurar y convertirse en un grano infectado en la superficie de la relación. Eso es lo que se necesita para ganar la batalla:

- Descubre qué fue lo que salió mal y decide buscar la solución.
- Inicia una conversación con la persona que te ofendió.
- Obtén su opinión y luego da tu interpretación de lo que significa.
- Escucha las ideas para discutirlas sin obcecarte.
- Juntas, busquen claridad, entendimiento y perdón.

Nadie mejor que yo sabe que eso no es fácil. Una de las cosas más difíciles del mundo es perdonar a alguien que nos ha ofendido. Pero hay un sinnúmero de versículos acerca del valor del perdón y Dios lo hace posible. Te puedo decir por experiencia, si lo dejamos para después —porque tememos la confrontación o negamos que la ofensa sucedió—, va a crecer y crecer. Va a supurar.

Detesto la confrontación y haría casi cualquier cosa en el mundo para evitarla, pero en la escuela de la vida, he aprendido que si confrontamos a alguien gentilmente sobre un tema que nos separa, valdrá la pena al final. Una vez que la desavenencia se sane, habrá paz, calma y gratitud como nunca la hayas experimentado.

Después de que la situación se mejoró entre mi amiga y yo, recuerdo haber leído estas palabras convincentes de Jesús en Mateo 5.23–24: «Por lo tanto, si estás presentando tu ofrenda en el altar y allí recuerdas que tu hermano tiene algo contra ti, deja tu ofrenda allí delante del altar. Ve primero y reconcíliate con tu hermano; luego vuelve y presenta tu ofrenda».

También creo que este versículo se aplica a la persona que está guardando el rencor y no solo a la ofensora. Cuando lo leí, me acordé de cómo podemos debilitarnos cuando permitimos que algo tan perjudicial se deteriore en nuestros espíritus. Pero cuando pedimos perdón con toda sinceridad, nos sensibilizamos al Dios del universo, que no solo perdona sino que nos enseña a perdonar a otros.

Mateo 6.14–15 dice que en la oración hay una conexión entre lo que Dios hace y lo que haces tú. Por ejemplo, no puedes recibir perdón de Dios sin perdonar a otros. Si rehúsas hacer tu parte, eliminas la parte de Dios.

TREINTA Y NUEVE

Cocínate algo especial

Pasé la mitad de mi vida en pequeños apartamentos alquilados, cuando no tenía mucho dinero. Aprendí a usar lo que tenía a mano. Tuve que ser creativa en cuanto a la ropa, los muebles, los regalos y la comida. Y ciertamente en cuanto a viajes, es decir, cuando podía ir a algún lado.

Ahora, al recordar esos años, desde el punto de vista privilegiado de ser una dueña de casa sin deuda alguna, tengo que decir que esos fueron unos de los mejores y más agradables años de mi vida. Hay algo en cuanto a estar en un lugar pequeño, sin tener mucho con qué trabajar, que hace que las ideas creativas fluyan. Verdaderamente que la necesidad es la madre de la invención.

Una de las formas en que disfruté esos años fue pasando tiempo en la cocina. Mi mamá era una cocinera fantástica y me enseñó algunos de los secretos del oficio. Como he estado sola la mayor parte de mi vida, aprendí a cocinar cosas especiales para mí solamente y planear toda una tarde lo relacionado a la comida.

Por ejemplo, cada diciembre, apartaría una noche que era solo para mis amigas que vivían fuera de la ciudad y yo. Por supuesto que ninguna de ellas podía venir, pero bien podrían haber estado porque la noche entera estaba dedicada a estar con ellas. Intercambiábamos regalos, por correo, yo abría los de ellas bajo el árbol de Navidad y luego las llamaba a cada una. Hablábamos, nos reíamos, nos poníamos al día sobre lo que estaba pasando en nuestras vidas, y teníamos conversaciones maravillosas acerca de los regalos que yo había recibido. Llamaba esa celebración anual: «Mi propia fiesta de Navidad», y una de las especialidades era la comida. Cocinaba casi todo el día en preparación para la velada, haciéndome una comida exquisita.

Un año preparé una receta de una página desplegable que estaba en el centro de una revista gourmet. Por supuesto que tuve mucha comida de sobra, la cual disfruté por muchos días.

Todavía me río de eso porque una pequeña parte de la cocina se encendió cuando se me descontroló la receta. Pero pude apagar las llamas casi al mismo tiempo en que empezaron. Ahora es un recuerdo gracioso en mi memoria.

Lamentablemente, muchas personas no quieren cocinar si no tienen a otras comiendo con ellas. Abren una lata y hacen un mejunje poco apetecible, solo para acabar con la rutina de tener que preparar una comida. Se preguntan a sí mismas: *¿Quién necesita el desorden? ¿Por qué ensuciar los sartenes y las ollas y hacer todo este trabajo solo para mí?*

Si haces eso, te vas a perder la alegría de cocinar algo especial para ti misma, así como la posibilidad de tener una aventura creativa en la cocina. Por otro lado, cuando tengas la fuerza de voluntad como para arriesgarte un poco, quizá puedas encontrar recetas que no solo satisfagan tu paladar y tu cartera, sino que también puedan brindarte una historia divertida para tus recuerdos (en caso de que le prendas fuego a la cocina).

Una noche tuve una comida tan deliciosa en un restaurante italiano en Los Ángeles, que quise repetir la receta de esa pasta. Así que llamé al restaurante y pedí hablar con el chef. No solo vino al teléfono sino que con gusto me dio los ingredientes y me dijo exactamente cómo prepararla. Yo estaba contentísima. Mientras él me estaba dando las instrucciones paso a paso, hice la receta. En algunos momentos se excusó para responder varias preguntas de sus meseros. No solo comí una pasta maravillosa esa noche, sino que he cocinado esa receta docenas de veces más desde esa vez, y se ha convertido en uno de los platos favoritos de las amigas que han comido a mi mesa.

«Cocinar es mi *"kinderspiel"*», dijo Wolfgang Puck. «Mi juego de niños. Puedes hacerlo el tuyo también. Y mientras estás cocinando, no olvides reírte ni compartir. Ríete bastante y con mucho amor, eso realza el sabor de la comida».

No dejes de cocinarte algo que sea dificultoso o que tome mucho tiempo, simplemente porque sientas que es mucho trabajo para una sola persona o porque la gente se preguntará por qué te pones a hacer todo eso. Canta mientras estás cocinando. Recita tus versículos bíblicos. Ora. Háblale a la comida. Diviértete y escribe sobre ello en tu diario cuando termines de cocinar. Siempre van a haber personas que no entiendan por qué lo haces. Pero francamente, si supieras la verdad, quizá estén deseando ser como tú.

CUARENTA

Celebra la vida
que se te ha dado

No hace mucho, leí la biografía de Dietrich Bonhoeffer escrita por Eric Metaxas, y me encantó. Todo acerca de la vida de Bonhoeffer tenía significado y propósito, desde su infancia hasta el día en que murió como mártir a manos de los oficiales nazis en 1945. En el estricto sentido de la palabra, celebró la vida que tuvo. Amaba a su familia, a sus amigos, su trabajo, su ministerio, el arte, la música, la literatura, el teatro, viajar, aprender, enseñar y estudiar las diferentes culturas del mundo.

Bonhoeffer dio su vida para alentar y bendecir a otros, costara lo que costara. Era un caballero completo y un cristiano dedicado. Aun durante sus años de encarcelamiento, nunca se quejó; amaba a sus enemigos y oraba por ellos diariamente. Su confianza no estaba en sus circunstancias, sino en el Señor Jesús.

Una de las tantas cosas inspiradoras que escribió Bonhoeffer fue este pensamiento extraordinario: «El derecho a vivir es cuestión de esencia, no de valores. A los ojos de Dios no hay ninguna vida que no valga la pena vivir... el hecho de que Dios es el Creador, el Preservador, el Redentor hace que la vida más desdichada valga la pena vivirla ante Dios».

Las palabras «el derecho a vivir es cuestión de esencia, no de valores», me llamaron la atención, por lo que he continuado pensando en ellas desde que las leí. Bonhoeffer creía que cada uno de nosotros vive y tenemos nuestro ser, y eso es lo que nos permite celebrar. Lo que estaba diciendo es que el valor de nuestras vidas no es predicho por lo que somos, o cuándo o dónde hemos nacido. La importancia o el valor de la vida de uno es inherente a cada ser humano, yace en el hecho de que en primer lugar, simplemente, estamos vivos. Estar vivos es suficiente en sí para darnos una razón para celebrar.

Pero a veces no pareciera ser así. Es fácil pensar que nuestras vidas y aun nuestro valor puede ser medido por el número de licenciaturas que tengamos, el dinero en nuestras cuentas bancarias, los lenguajes en que podemos hablar y las miradas de la gente cuando entramos a un lugar. Fácilmente podemos inferir la realidad de que la vida misma es el regalo que Dios nos da. Eso importa. Nosotros valemos. Y francamente, *eso* es lo importante. Piénsalo.

¿Qué es más importante que el hecho de que tienes aire en los pulmones? ¿Es más importante lo que has logrado? Aun cuando eso es tan satisfactorio como lucrativo, ¿es más importante? ¿Lo es la acumulación? ¿Las personas que conocemos? ¿A dónde vamos? ¿Lo que pensamos de nosotros mismos? ¿Lo que otros piensan de nosotros? ¿O es que el valor de tu vida está en la «esencia», como lo escribió Bonhoeffer?

Al leer la perspectiva de Bonhoeffer, pensé en mi propio padre que tuvo un ataque al corazón a los ochenta años de edad. Casi lo mata, lo dejó muy débil y vacilante. Su nivel de actividad, de hablar y su estilo de vida cambiaron, pero su «esencia» no. Lo que él era permaneció igual, antes y después del infarto. Siguió siendo muy generoso, regalando lo que tenía.

El día antes de que papá falleciera en un asilo de ancianos, lo fui a ver (ignorante, claro, de que esa iba a ser la última visita). Le llevé una barra de chocolate Hershey, su dulce favorito. Me pidió que le quitara la envoltura, lo cual hice. Entonces, sin titubear, me ofreció a mí y al hombre que compartía su cuarto. Después le ofreció a la enfermera, al doctor, a los que estaban pasando por el pasillo. Ya cuando la barra de chocolate regresó a sus manos, solo quedaban dos cuadritos.

«Solo quería una probadita», dijo. Después me miró y dijo: «Gracias, cariñito. De todas maneras, tenerte aquí solamente es más dulce que esta barra de chocolate. Así que aprecio que hayas venido. Te ves hermosa».

Bonhoeffer tenía razón. El valor de Dios, al igual que el tuyo y el mío, está en nuestra esencia, la cual yace dentro de nosotros, la que Dios ha redimido y va a vivir para siempre.

QUINTA PARTE

Cómo mantener la conexión

Escucha con todo tu corazón

Provengo de una familia verbal. La mayoría de las veces, todos hablábamos al mismo tiempo. Si yo regresara a esa escena durante mi infancia, sabiendo lo que sé ahora, estoy segura de que todo ese ruido me sorprendería. Los tres hijos, definitivamente, fuimos creados para obedecer a nuestros padres, pero no me acuerdo de nada acerca de la importancia de escuchar. Parecía que todos ansiábamos ser escuchados, pero nadie estaba ansioso por escuchar. Tal vez tu hogar era así también.

Me acuerdo haber leído en algún lado que existen dos clases de gente que aburre: la que habla demasiado y la que escucha muy poco. En resumen, esa era nuestra familia. No fue hasta que crecí que me di cuenta de que probablemente estuve aburriendo a la gente hasta llevarla a un estado de coma, mucho tiempo.

Ahora que he vivido muchos años y he cambiado algunos de mis malos hábitos por unos buenos, he aprendido cómo escuchar y me doy cuenta de que es un arte. Generalmente hablando, prefiero escuchar que hablar. Cuando se siguen unas cuantas reglas, cualquier persona puede convertirse en un buen escuchador, y cuando se siguen esas reglas, uno puede practicarlas fácilmente.

Escuchar con todo tu corazón, requiere enfoque y concentración. Esto es lo que me da resultado: Miro directamente a la persona que está hablando y no la interrumpo. Si temes que se te va a olvidar algo importante que quieres decir, anota una palabra rápida para que puedas referirte a ella más tarde. Mantén la mente sensible a los hechos expresados sin juzgar las acciones o los comportamientos.

A lo largo del camino de la vida, fui bendecida al tener amigas que estaban lo suficientemente interesadas como para seguir estas reglas y compartir algunas sugerencias que han sido de ayuda. Pero quizá mi mejor maestro en cuanto a escuchar fue Proverbios 20.5. Ese versículo me ha ayudado inmensamente tanto para escuchar a otros como para que ellos me escuchen a mí. Me gusta ver cómo es presentado en dos diferentes versiones: primero en la Reina Valera de 1960 y luego en la Nueva Versión Internacional:

«Como aguas profundas es el consejo en el corazón del hombre; mas el hombre entendido lo alcanzará».

«Los pensamientos humanos son aguas profundas; el que es inteligente los capta fácilmente».

Imagínate a dos personas hablando. Una es la que tiene el consejo en su corazón y la otra es la que tiene el entendimiento. Cuando la primera persona está hablando, la segunda persona escucha. Pero, ¿dónde está el consejo? Está en el corazón de la primera persona, no en el de la que está escuchando.

Muy a menudo cuando somos el escuchador, sentimos como que tenemos que dar nuestro consejo, nuestra opinión, nuestro juicio, en respuesta a lo que se está diciendo. Pero todo el consejo está en el corazón de la persona que está hablando. El que escucha es el que lo saca. Él extiende un recipiente vacío de preguntas dentro de ese corazón y saca gentilmente lo que la otra persona necesita saber, lo cual ya está allí. Como escuchador, no es nuestro trabajo señalar lo que se debiera hacer. Nuestra labor es recibir, alentar, hacer preguntas pertinentes ocasionalmente y escuchar. Aunque la persona que está hablando procesa sus pensamientos en voz alta y la que escucha los recibe, el consejo saldrá de quien está hablando. Y si el «hombre entendido» no escucha, no se verá ningún progreso.

Sin duda alguna, lo que todos queremos cuando alguien nos escucha es ser entendidos y valorados. Nos callamos apenas alguien nos juzga. Recuerda esto: Solo nos sensibilizamos en el grado en que nos reciben. Queremos ser escuchados por alguien que está interesado en nosotros y escucha lo que tenemos que decir. ¿Eres tú esa persona? ¿Soy yo? Esa es la pregunta que nos tenemos que hacer.

La regla de oro de toda relación es escuchar a otros, como quieres que te escuchen a ti.

{ CUARENTA Y DOS }

Comunícate a menudo con tus seres queridos

La primera vez que conocí a los miembros de Hawk Nelson, una banda de rock cristiana de Canadá, inmediatamente quedé fascinada. No solo son músicos talentosos, también son amigables y afectuosos. Aunque son décadas más jóvenes que yo, son cordiales y atentos en todos los aspectos. Pero lo más impresionante para mí fue que el vocalista principal, Jason Dunn me dijo cuánto amaba a su mamá y que la llamaba todos los días.

Me quedé *pasmada*. Aquí estaba un joven como de veinte años que sabía cuánto significa para una madre poder escuchar la voz de su hijo a menudo. Así que la llama todos los días.

Qué genial, ¿no? Ahora, cuando lo veo de vez en cuando en conferencias, mi pregunta habitual es: «¿Llamaste a tu mamá hoy?»

A veces, antes de que ni siquiera abra la boca, él me saluda con una sonrisa grande y dice: «Sí, Luci, la llamé».

Algunas personas puede que piensen que es demasiado que un joven de unos veinte años, que está casado, llame a su mamá diariamente. Verían eso como si fuese un niño mimado, pero te puedo decir que él no es así, para nada. Simplemente es atento con alguien a quien ama.

Una de las mejores cosas que podemos hacer por nuestros seres queridos es llamarlos o contactarlos de cualquier manera. La mayoría de las personas están ocupadas y eso les impide extenderles la mano a sus seres queridos. Pero no tiene que ser así. Hay muchas formas con las que nos podemos comunicar con los que nos interesan, especialmente en el mundo de hoy. Es casi inconcebible la cantidad de maneras en que podemos mantenernos en contacto.

Personalmente, me encantaban los tiempos en que se escribían cartas y era muy buena para eso. ¿Se acuerda alguien de esos días? Era cuando tomabas un pedazo de papel y le escribías a una persona una carta a mano, ponías una estampilla en el sobre y la llevabas al buzón. Claro está, como lo guardo todo, tengo la mayoría de las cartas que he recibido en toda mi vida, cajas y cajas de ellas. Es más, cuando una de mis amigas falleció unos doce años atrás, su familia me regresó las ciento siete postales que yo le había escrito durante nuestra relación. Las había guardado todas y sus seres queridos se aseguraron de que yo las tuviera todas. Estoy segura de que ellos sabían que las atesoraría tanto como ella. Me fascinan las postales y he coleccionado las de mis amigos de todas partes del mundo. Es una forma rápida y cariñosa de mantenerse en contacto.

Tengo que admitir, sin embargo, que quizás mis más preciadas posesiones en cuanto a comunicaciones se refiere, son las cuarenta y siete cartas que mi hermano Chuck Swindoll me escribió cuando estaba en la Infantería de Marina en 1950 (especialmente cuando estaba destacado en la isla de Okinawa). Para mí, esas cartas son oro puro. Muchas de ellas se refieren a su relación con el Señor y su deseo de tener un ministerio cristiano. Son parte de los fundamentos de la posición en que se encuentra hoy, aquí mismo en el área de Dallas, donde trabaja como pastor, director del ministerio de radio de «Visión para vivir» y rector del Seminario Teológico de Dallas.

Me fascina recordar los años en que nos mantuvimos en contacto a través de cartas, llamadas telefónicas, reuniones, ministerios, cumpleaños, tertulias familiares, textos y ahora correos electrónicos. Conozco personas que ni siquiera saben dónde están sus hermanos; pero aquí estoy, con uno de mis dulces hermanos viviendo a unos cuantos metros de mi casa. Éramos amigos, tirábamos la pelota de futbol en el patio trasero de la pequeña casa de los Swindoll en Houston, nos reíamos juntos en los viajes de pesca con mamá y papá. Canté en su boda hace más de cincuenta años y lo despedí en el aeropuerto cuando se fue a prestar el servicio militar. Presencié su graduación del Seminario Teológico de Dallas y cuando se convirtió en presidente de esa misma escuela treinta y dos años después. Y ahora, todos los domingos cuando estoy en casa y no en una conferencia en algún lado, lo escucho predicar en la congregación Stonebriar Community Church, en Frisco, y a menudo me voy a almorzar con él después del servicio.

¿Sabía yo que íbamos a quedar siendo vecinos, pasando nuestros últimos años juntos en un compañerismo generoso? Por supuesto que no. Ninguno de los dos lo planeamos, pero nos hemos quedado cerca toda la vida puesto que nos amamos. Que seamos vecinos ahora, es uno de los regalos sorprendentes de la gracia de Dios.

Si has perdido contacto con los miembros de tu familia o con tus amigos, no lo aplaces más. Nunca sabrás cómo será enriquecida tu vida al restablecer esas relaciones. Job 5.8 dice que Dios es «famoso por sus grandes e inesperadas obras; sus sorpresas no tienen fin» [paráfrasis de la autora]. Mantenerte en comunicación con tus seres queridos o reconectarte con ellos, vale la pena, amiga. No te pierdas esas sorpresas que Dios tiene preparadas para ti. Presta atención a las cosas pequeñas que Dios hace, especialmente a aquellas que nunca has pedido. Luego dale las gracias y dile a alguien a quien amas lo que él ha hecho por ti.

{ CUARENTA Y TRES }

Prepara la mesa para las visitas

El gastrónomo francés, A. Brillat-Savarin, dijo una vez: «Invitar a una persona a tu casa es encargarse de su felicidad por todo el tiempo que esté bajo tu techo». Esa era la filosofía de mamá. A pesar de que nuestra familia tenía una casa pequeña, ella extendía la alfombra roja para nuestros invitados: se les brindaba cortesía en la puerta, música suave proveniente de la radio, se les ofrecía la mejor silla de la casa, se les preparaba una comida y la mesa puesta a la perfección. A menos que estuviésemos comiendo al aire libre, ni siquiera puedo acordarme de las veces en que nuestra pequeña mesa no estuviese puesta para una comida familiar. No teníamos televisión, así que nadie comía en una mesita pequeña. Todos íbamos a la mesa cuando se nos llamaba y se decía una bendición antes de comer. Mucho después de que mamá falleciera, una amiga me dijo un día: «Tu madre era tan refinada». Efectivamente lo era.

Para mi madre, poner una mesa hermosa, a menudo expresaba más amor a la familia y a los invitados, que la comida que estábamos a punto de comer. Demostraba consideración, cuidado y atención a los detalles. Mamá, en su manera sencilla, era muy parecida a Brillat-Savarin. En su libro *Fisiología del gusto* (la cual fue publicada por primera vez en 1825 y aún hoy está en imprenta), él nos dice que hasta la comida más simple lo complacía si estaba ejecutada con maestría.

En muchas maneras, he heredado el amor que mamá le tenía a la belleza y al valor de la maestría al poner la mesa para los invitados. Ella enfatizaba mucho que los platos y los utensilios estuvieran en el lugar correcto, las servilletas dobladas de tal manera, y el invitado o los invitados sentados en un lugar de honor. Yo hago lo mismo hoy.

En 1955, cuando estaba en el último año de la universidad, mi mamá empezó a pintar una vajilla de porcelana para mi regalo de graduación. Todavía tengo ese juego de sesenta piezas con flores de naranjo pintadas sobre las tazas, los platillos, los platos y los tazones. Aun cuando estoy sentada escribiendo este capítulo, esa vajilla está en una vitrina como a unos tres metros de distancia que diseñé e hice que me construyeran especialmente para mostrar el fabuloso regalo de mamá. Ella firmó y le puso la fecha a cada una de las piezas. Cuando la miro, me acuerdo nuevamente del amor y del tiempo que le tomó para completar ese proyecto. Mamá falleció hace cuarenta años, pero atesoro ese regalo más y más con el pasar de los años.

De tiempo en tiempo, hago veladas. Con el cuidado que heredé de mi madre, pongo la mesa larga que está en mi biblioteca. No solo uso mi mejor vajilla y los utensilios de plata que ella me dio, sino que también hago tarjetas con los nombres de los invitados y un arreglo de flores como centro de mesa. En mi tiempo libre, trabajo en esa mesa día tras día, empezando temprano con las tarjetas representativas de la temporada o de la razón por la cual hice la fiesta. He hecho tarjetas de cuentecillas, bolas, pájaros, canastas y globos. He copiado citas famosas o versículos bíblicos para que concuerden con cada persona, he dibujado animales y niños, he cortado mapas, he doblado papeles para hacer modelos de aviones, juguetes, sombreros y pulseras. Hemos tenido búsquedas de tesoros en la mesa y algunas veces he repartido hojas de música para cantar juntos en armonía. Siempre disfruto haciendo esos esfuerzos porque quiero que los invitados que están sentados alrededor de mi mesa se acuerden de esa comida diferente y divertida.

¿Toma tiempo eso? Por supuesto. ¿Requiere que hagamos el máximo esfuerzo? Sí. ¿Alguna vez he dicho que no lo voy a volver a hacer nunca más? ¡Todo lo opuesto!

La próxima vez que hagas una velada o invites personas para celebrar un día festivo o aun cuando prepares una comida familiar, haz algo fuera de lo ordinario. Usa lo mejor que tengas y pon la mesa como para invitados. No es que tienes que tener vasijas valiosas de porcelana o de plata. Ni siquiera necesitas un cuarto de comedor. Solamente haz que la mesa de la cocina se vea bien con alguna clase de adorno. Sirve una comida deliciosa. Habla y ríete bastante. Toma fotos. Menciona un recuerdo memorable. Luego, si tienes invitados, despídelos con amor, con besos y con las bendiciones de Dios a todos los que tienen que irse. No te arrepentirás ni de un solo momento que pasaste haciendo que fuese una ocasión especial. Brillat-Savarin también dijo: «El placer de la mesa le pertenece a las personas de todas las edades, a todos los países y a todas las áreas; se mezcla con todos los otros placeres y se queda al menos para consolarnos por su partida».

Predigo que te vas a dar cuenta de que no tienes que gastar mucho dinero en los detalles extras que necesitas para poner la mesa para invitados. Es el amor y el cuidado que tienes con tus invitados lo que tus gestos muestran.

CUARENTA Y CUATRO

Confía en tus amigos para obtener la verdad

Algunos de mis amigos más cercanos son psicólogos. O han tenido terapia con uno de ellos. Personalmente, me encantan las personas que han tenido terapia y piensan como terapistas. Me interesa la forma en que razonan, y su opinión en cuanto a los desafíos mentales y emocionales me ayuda a ver la vida a través de otro lente.

Una de las cosas que más valoro de estos amigos terapeutas es que puedo contar con ellos para que me digan la verdad que, en mi opinión, es sumamente importante en una relación. Si mis amigos no van a ser francos conmigo, ¿quién lo será? Y como he sido soltera toda mi vida, algunos de mis amigos son tan cercanos como los miembros de mi familia. En algunas maneras, saben más acerca de mí que las personas con las que me crié porque hemos estado juntos todos los días, por la mayoría de mis años adultos.

A veces no me gusta la verdad que me dicen, pero aun cuando no me guste, casi siempre recapacito y al fin acepto lo que me dicen. Este es el porqué: Ellos saben *cómo* decirlo.

Verás, hay un truco en cuanto al valor de decir la verdad: Todo está en cómo se dice. Por supuesto que tenemos que saber la verdad sobre nosotros mismos, pero recuerda esto del capítulo cuarenta y uno: Tenemos que realmente querer escuchar y recibir la verdad que se nos está dando. Si la verdad nos duele, estamos inclinados a echarnos hacia atrás. Como escribió el profeta Amós (5.10): «La verdad cruda nunca es popular» [paráfrasis de la autora].

En vez de darle algo «crudo» para comer al que está escuchando, ¿por qué no lo cocinamos un poquito en el quemador de nuestro corazón antes de ofrecérselo a otra persona? Expresa lo que tienes que decir con gentileza. No estoy diciendo que tienes que andar con rodeos; simplemente ten presente que lo que estás diciendo puede doler. Asegúrate de que no suene iracundo o acusador.

Y si eres la que está escuchando, recíbelo como algo que probablemente le costó decir, y aprecia la honestidad de tu amiga. Podría ser que él o ella sintieron el valor suficiente para decirte la verdad solo porque la relación entre ustedes es lo suficientemente fuerte para permitirlo.

En mi círculo de amigas cercanas, tenemos una regla un tanto tácita de que vamos a ser directas unas con otras. Porque nuestra comunidad es de «hermandad» y todas vivimos geográficamente cerca, tratamos arduamente de mantenernos sensibles y al tanto de los sentimientos de cada una de nosotras. Algunas veces puede ser doloroso escuchar la verdad que necesitamos saber. Pero en nuestro círculo, y me imagino que en el tuyo también, se tiene que decir la verdad para mantener la comunicación fluyendo. No ser sincero causa más daño que bien.

Ocho años atrás, cuando estaba construyendo mi casa, una vecina me ayudó a tomar decisiones en cuanto a la teja, el ladrillo y el ribete que quería usar. Nos fuimos juntas al centro de diseño para seleccionar los colores y las texturas correctas, pero como lo mencioné antes, como tenía que viajar tanto durante esos días y ella no, se ofreció de voluntaria para supervisar la construcción cuando yo no estuviera.

Un día, mientras estaba fuera de la ciudad, ella y yo tuvimos un pequeño desacuerdo por teléfono. Ella descubrió que los trabajadores estaban poniendo el color equivocado en los marcos de las ventanas y ella quería representarme diciéndoles que cambiaran el color al que yo había escogido inicialmente. Sabiendo que eso atrasaría el proceso, después de unos cuantos intercambios de palabras, le dije que nos quedaríamos con el color que ellos estaban usando. «Es mi casa después de todo», dije de manera cortante.

Yo estaba perfectamente dispuesta a dejarlo ir, pensando que no importaría al final, pero ella no. Seguía diciendo que no iba a ser tan difícil cambiarlo y que al fin y al cabo me gustaría mejor.

Me frustré más porque sentí que ella estaba tratando de «dirigir mis negocios». ¡Ah, caramba! Yo sabía que en algún momento íbamos a tener que hablar de ese asunto. Como detesto las confrontaciones, temía ese encuentro.

Cuando regresé a casa, mi amiga me preguntó gentilmente si podíamos considerar el problema juntas. A regañadientes le dije que sí. Ella sincera y cuidadosamente habló sobre su parte de la historia. Apreciando su manera gentil y su deseo de arreglar el asunto, le confesé mi testarudez y mala actitud, cuando había hablado con ella por teléfono. Le pedí que me perdonara. Al final de nuestra conversación, me sugirió que oráramos juntas. En esa oración, le dio gracias a Dios por ayudarnos a las dos a ser francas.

A causa de la bondad de mi amiga y su esfuerzo genuino de obtener la verdad sobre el asunto, me acordé una vez más de Proverbios 24.26:

«Una respuesta honesta es como un tierno abrazo» [paráfrasis de la autora].

Me encanta la forma en que mi hermano Chuck lo puso cuando dijo que: «La honestidad tiene una simplicidad hermosa y refrescante acerca de ella. Sin motivos ulteriores. Sin significados escondidos. Una ausencia de hipocresía, duplicidad, juegos políticos, superficialidad verbal. Cuando nuestra vida se caracterice por la honestidad e integridad real, no habrá necesidad de manipular a otros».

CUARENTA Y CINCO

Perdona una y otra vez

Hace varios años frecuentaba una florería que era propiedad de un horticultor. Él me dijo que cuando su abuelo falleció, le dejó un terreno en su testamento para que como niño sembrara plantas y tuviera un vivero. También me dijo que el abuelo había hecho lo mismo por su hermano mayor. Sin embargo, a este le dio una porción más grande de terreno que la de él. Después de tres años de discordia entre los dos, la mamá se alió al hijo menor y el papá con el mayor. Al final, lo que debió haber sido un regalo, se convirtió en tal punto de controversia que las dos partes no se hablaban. Fue una discordia familiar intensa.

Cuando escuché esa historia por primera vez, tengo que decir que mi reacción fue de incredulidad. Un día, mientras estaba en la floristería, estuve hablando con el dueño y le dije: «¿Alguna vez has pensado en sentarte con tu hermano y hacer las paces? ¿Podrán perdonarse uno al otro? Lo que suponía que era un regalo, se ha convertido en una carga; el perdón podría hacerlos sentir mejor».

«¿Perdonar?», preguntó él inquisitivamente. «Yo nunca lo voy a perdonar. El perdón es un mito y no resulta. Prefiero acarrear rencor, que perdonarlo. Quiero lo que es mío y planeo conseguirlo».

Decidí no hablar del asunto más y a la larga dejé de ir a la florería.

Francamente, la presencia de ese espíritu me hacía sentir incómoda. Había otros lugares para comprar flores, así que simplemente decidí ir a otro. La carencia de perdón a su hermano estaba destruyendo a ese hombre y cada vez que estaba en su presencia, podía sentirlo más y más.

La Biblia nos dice que: «Nos perdonemos los unos a los otros tan rápido y tan a fondo como Dios nos perdonó en Cristo» (Efesios 4.32, paráfrasis de la autora). Claro que es más fácil decirlo que hacerlo. Cuando hemos sido ofendidos, algo dentro de nosotros quiere vengarse. Algunos tenemos verdaderos pozos de rencores y ofensas que hemos cargado por años y nada va a hacer que dejemos de vengarnos.

He vivido lo suficiente como para decirte por experiencia que esa clase de amargura y rencor te va a comer viva. Si dejas que suceda, tu corazón se va a endurecer y, sin un corazón sensible, no habría manera en que el Espíritu Santo pueda hacer su trabajo de sanidad porque la persona que ha sido herida va a lamer, cuidar y alimentar esa herida. Como resultado, la dureza se intensifica hasta que se va más allá del endurecimiento del corazón de la persona que cometió la ofensa; llega a una fase en que una simple disculpa nunca sería suficiente. Es muy tarde para eso.

Sin embargo, hasta en esa situación, la única solución es perdonar. El perdón hace borrón y cuenta nueva. En vez de refregar cuando nos han herido, debemos aprender a borrar. El perdón es mucho más importante para el que perdona que para el que está siendo perdonado. La sanidad empieza cuando perdonamos. Un corazón sensible se sana más rápido. Dios puede trabajar en un corazón que está perceptible.

Todos hemos fallado. Hemos cometido errores. Hemos dicho y hecho cosas estúpidas. Sea como sea, la vida continúa y tenemos que ir con ella. Aquellos que dan y perdonan son las personas más ricas de este mundo. Han aceptado sus ineptitudes y defectos y han aprendido a perdonar a otros una y otra vez. Y con eso se pueden perdonar a sí mismos.

No tengo idea de lo que finalmente sucedió con esos dos hermanos. Pero cuando pienso en ellos, me acuerdo de estas líneas de Alfred Lord Tennyson:

> *Dos hombres viejos que han sido enemigos por toda la vida,*
> *Se encontraron junto a una tumba y lloraron, y en esas lágrimas*
> *Lavaron las memorias de sus conflictos*
> *Lloraron otra vez por la pérdida de todos esos años.*

Quizás eso sea lo que sucedió con esos dos hermanos cuya relación fue destrozada por un regalo.

{ CUARENTA Y SEIS }

Invita a la gente a tu casa

Una de mis amigas cercanas proviene de una familia de ocho hijos. Cuando estaba creciendo, era costumbre en su familia invitar a los amigos de la escuela a comer o a pasarse la noche, o en ocasiones, el fin de semana. A su madre no le molestaba si había diez o doce niños en vez de los ocho usuales. Por otro lado, como había tantos niños en la familia, nunca los invitaban, así que su madre tenía una política de puertas abiertas para los amigos. Era lo normal. Ella nunca se oponía; era una mujer muy gentil y hospitalaria, se aseguraba de ver que nadie de los que su familia conocía fuese excluido si necesitaba comer, o una cama para dormir o un lugar para quedarse.

Me pareció divertido que mi amiga me contara que cuando ella estaba en el funeral de su hermana mayor, muchos años después, en la multitud de asistentes, estaba un caballero al cual ella conocía pero que no recordaba. Así que le pidió que le refrescara la memoria.

«Yo era el amigo de tu hermano Phil. Él fue maravilloso conmigo. De hecho, no sé si te acuerdas de esto o no, pero viví con tu familia un año. No tenía un lugar donde quedarme, así que Phil me pidió que viviera allí. No estoy seguro si tu mamá lo supo. Yo solamente me uní a la multitud y fui considerado como parte de la familia. ¡Me encantó!»

Al terminar la historia, me eché a reír a carcajadas. No tanto porque fuese graciosa, sino por la alegría que debió haber tenido ese joven al poder vivir en un hogar como aquel, en donde no se preguntaba cuántos iban a comer, dormir o divertirse con ellos. Quizá sin saberlo, esa mujer había estado practicando lo que el apóstol Pablo nos anima que hagamos en Romanos 12.13: «Sé ingenioso con la hospitalidad» [paráfrasis de la autora].

La hospitalidad es un estado mental. Es tener un espíritu que da y cuida. Se nos dice a través de las Escrituras que seamos hospitalarios, pero lamentablemente, eso se está convirtiendo en un arte perdido. Ya nadie tiene tiempo ni lo aparta. La vida se va demasiado rápido. Invitar a la gente a nuestra casa es un lujo y ¿quién separa tiempo para lujos en estos días?

Cuando hablo de hospitalidad, siempre pienso en mi hermano mayor Orville y su esposa Erma Jean. Ellos son ejemplos clásicos de aquellos que han invitado a personas a su casa todos sus años de casados. Y todavía lo hacen, aunque estén en sus ochentas.

Orville y E.J. pasaron la mayoría de sus vidas como misioneros en Argentina. Pero dondequiera que viven, raramente han habido ocasiones en que no tengan a alguien viviendo o pasándose una semana o más con ellos. Sus amigos han dejado maletas o pertenencias allí, mientras estaban trabajando como misioneros en el área. Los felicito por su amplio ministerio de hospitalidad. Dice muchísimo acerca de la gracia y del amor. El tapete de bienvenida siempre está en el portal de la casa.

Ahora viven en Miami, pero casi nunca tienen un fin de semana cuando alguien no los está visitando, comiendo con ellos, teniendo una reunión en su casa o compartiendo una tarde con ellos. Sus amigos están por todas partes del mundo, y saben exactamente que cuando pueden ir o pasar por Miami, son bienvenidos en la casa de los Swindoll, tanto de día como de noche, desayuno o cena, solos o con miembros de su familia. Ellos son un modelo de 3 Juan 1.5: «Cuando extiendes hospitalidad a tus hermanas y hermanos cristianos, aun cuando son extranjeros, haces que tu fe sea visible» [paráfrasis de la autora].

Ningunas de esas familias, la de mi amiga o la de Orville, esperaron hasta que todo estuviese perfecto para practicar la hospitalidad. Empezaron apenas tuvieron un hogar, tan simple y sencillo como haya sido. La gente a menudo piensa que van a tener invitados apenas tengan piso nuevo en la cocina. Entonces es cuando consiguen alfombra nueva, luego un sofá nuevo y después un patio nuevo. Nunca terminan. No dejes que la vida se te pase porque los manteles individuales no combinan. Extiende la mano. Comparte historias. Ríanse juntos. Crea memorias. Haz que tu fe sea visible.

{ CUARENTA Y SIETE }

Comparte el Pan de vida

Por más de dieciséis años he sido conferencista de Women of Faith. Todos los años viajo como a quince diferentes ciudades y les hablo a unas 200,000 mujeres. La ironía es que nunca he querido estar en el ministerio. No me gustaba esa palabra. «Hacer ministerio» significaba que tenía que vestirme bien, ir a algún lado, hablarle a alguien acerca del pecado en su vida y confrontarla con el evangelio. (O al menos eso era lo que pensaba.) Sentía que la gente que se metía en el ministerio era llamada a predicar. O a enseñar. Todo lo que quería hacer era disfrutar de la vida. Además, tengo dos hermanos que han estado en el ministerio público cristiano desde que tenían veinte años de edad. *Eso es suficiente para una familia*, pensaba.

Fui criada en un hogar cristiano, donde se enfatizaba el estudio de la Biblia, se fomentaba la oración, se practicaba el perdón y se enseñaba reverencia ante todas las cosas espirituales. Y yo lo creía.

A la edad de diez años, durante la escuela bíblica vacacional, en nuestra pequeña iglesia cercana a casa, acepté a Cristo como mi Salvador personal.

Mi abuela era mi maestra y me explicó cómo pronunciar la oración de fe y, después de que lo hice, me convertí en cristiana. Eso era suficiente para mí.

Pero cuando crecí, empecé a ir a estudios bíblicos y aprendí acerca de la profundidad, la anchura y la amplitud de la Palabra de Dios. Realmente me asombraba y mi vida cambió en todos los sentidos. Me di cuenta de que podía tener una vida llena de gracia en lugar de una controlada por el legalismo. Fui introducida a la doctrina teológica que me aconsejó y me enseñó acerca de la Trinidad: Dios el Padre, Dios el Hijo y Dios el Espíritu Santo. Aprendí a ver la vida desde el punto de vista de Dios en vez del mío. Aprendí que Cristo Jesús me ama tal y como soy.

En resumen, aprendí acerca del Pan de vida, por lo que quise difundir ese conocimiento entre todo el mundo por la manera en que vivía, amaba, aprendía y disfrutaba de la vida. Jesús dice en Juan 6.35–38:

> Soy el Pan de vida. La persona que se alinea conmigo no tendrá hambre ni sed nunca más, jamás. Te he dicho esto explícitamente porque aunque me has visto en acción, realmente no me crees. Cada persona que el Padre me da, al fin viene corriendo hacia mí. Y una vez que esa persona está conmigo, me aferro a ella y no la suelto. Bajé del cielo no para seguir mi propio capricho, sino para llevar a cabo la voluntad del que me envió. [paráfrasis de la autora]

Cuando me familiaricé con ese versículo, corrí hacia Cristo Jesús y nunca me ha soltado. He encontrado alimentación continua en ese Pan.

Y cuando finalmente me di cuenta de la importancia de la doctrina, vi que a Dios básicamente le interesan dos asuntos: Traer a aquellos que no lo conocen como Salvador a que tengan conocimiento de él y a aquellos que lo conocen a que maduren en su fe.

Cuando creemos que hemos pecado y estamos destituidos de la gloria de Dios, e invitamos a Cristo Jesús a nuestros corazones, él entra, vive allí y nos llena de su Espíritu Santo. Dios nos declara justos aunque todavía estamos en nuestro pecado y sentimos alivio. No nos lo merecemos, sin embargo, por gracia nos da el perdón, la paz, el propósito y la redención en ese momento. Eso se llama *justificación*. Sucede una vez y para siempre. Una vez que sucede, somos justificados para siempre. Eso nunca va a cambiar.

Madurar en Cristo es muy diferente. Nos va a tomar el resto de nuestras vidas. Consiste en pruebas, desafíos, crecimiento, contratiempos, esperar, confiar, desilusiones y demás. Todas las cosas que pasamos para crecer como seres humanos. Eso se llama *santificación*. Y seguirá hasta que seamos tomados en la muerte para vivir en la eternidad con Dios.

Son palabras que parecen complicadas, pero son fáciles de entender. Míralo de esta manera:

- Lo que somos en Cristo nunca cambia: *justificación*.
- Quienes somos en Cristo nunca deja de cambiar: *santificación*.

Conocer y creer esta verdad es el mejor regalo que te puedas dar a ti misma y luego darles a otros. Es cuestión de fe y una vez que esté dentro de ti, se convierte en tu ministerio, ¡ya sea que quieras que lo sea o no! Estás llevando al Pan de vida dondequiera que vayas y de la forma en que lleves tu vida, tiene la capacidad de nutrir a la gente que está muriéndose de hambre y ni siquiera lo sabe.

¡Disfruta la vida y vive generosamente!

CUARENTA Y OCHO

Apoya a tu comunidad con amor

En todos los años que he vivido en esta tierra, en todas las comunidades que he estado con amigos, con todos los vecinos que me han dado su ayuda y su amor, uno de los mejores ejemplos que conozco es el de un hombre que se llama Pat. Mis amigos y yo lo llamamos Pat «arréglalo todo», título que le queda muy bien.

Parece que no hay nada que no pueda hacer. Lo llamamos de día o de noche, llueva o brille, enfermo o sano, y su respuesta es siempre la misma: «No hay problema, estoy en camino». Y lo dice en serio. Aunque está casado, tiene familia y vive a unos cuantos kilómetros de distancia, en poco tiempo, su auto llega y se estaciona en el frente, listo para arreglar el problema o satisfacer la necesidad. Estoy convencida de que ese hombre puede hacer de todo, excepto caminar sobre el agua y, francamente, me he preguntado si lo hará a puertas cerradas.

Por ejemplo, él ha venido a mi casa y me ha colgado los cuadros en la pared, pulido objetos de plata, traído comestibles, limpiado el garaje, reparado una silla, renovado la instalación eléctrica de una lámpara y hasta me ha arreglado la puerta del garaje. En las casas de mis amigas, ha bajado las decoraciones de Navidad, ha enmasillado los fregaderos, llevado cajas al ático, volteado colchones, las ha llevado al aeropuerto o al doctor, ha plantado árboles, arreglado autos, limpiado patios, barrido porches, arreglado servicios, destapado fregaderos y hasta le ha dado comida al perro.

Pero esto es lo que más me gusta de Pat: Nunca se queja. Nunca. Nada es demasiado trabajo ni le toma mucho tiempo. Es su espíritu. A veces hasta nos ha llamado a mí y a mis amigas, de la nada, para ver si necesitábamos que él levantara, pintara, acarreara, cortara, empezara o detuviese alguna cosa. Y nunca ha pedido ni un centavo. Por lo común, trata de rehusar el pago diciendo: «Ah, estaba cerca de todas maneras, no necesitas pagarme por esto».

Un par de semanas atrás, tenía un evento de cinco días fuera de la ciudad, y le pregunté si me podía recoger el correo.

«No hay problema».

Cuando regresé a casa, mi correo estaba clasificado en una bolsa y puesto en una canasta esperando mi regreso. En verdad, tuve que rastrear al hombre para pagarle ese servicio. ¡Caramba! ¿Por qué no tendremos más personas como Pat? Él es la clase de persona que querrías como vecino, ayudante, amigo, compañero y empleado. Cuando estoy cerca de él, hace que yo quiera ser una mejor persona y una mejor cristiana. Hace que quiera ayudar a toda la gente por mi calle y en mi vecindario. Él es un modelo de lo que el apóstol Pablo dice en Gálatas 5.13: «Usa tu libertad para servirse los unos a los otros en amor» [paráfrasis de la autora]. (Y estoy segura de que en alguna parte en griego, Pablo debió haber añadido: «sin ninguna atadura».)

Si todos fuéramos compasivos unos con otros, apuesto mi último centavo que habría menos conflictos y menos sentimientos heridos. Y mucho menos eso de querer estar por encima de los demás. La amabilidad genera amabilidad y el trabajo en equipo genera trabajo en equipo. Si alguien en tu vecindario necesita ayuda, ¿por qué no ser la primera en ofrecerte de voluntaria solo por amor a la vida y por lo que Dios ha hecho por ti? Diviértete haciéndolo y hazlo memorable al no pedir remuneración. Solamente sonríe y dile: «No hay problema».

{ CUARENTA Y NUEVE }

Ofrece tu tiempo, tu energía y tu dinero

Cuando me levanté esta mañana, me di un baño, me lavé el cabello y me puse mi sudadera, monté la bicicleta fija, desayuné y luego me senté en mi escritorio a escribir un cheque para pagar la cuenta de la electricidad. Unos pocos minutos después me di cuenta de que solo en un par de horas, había gastado cada bien que tengo en mi poder: tiempo, energía y dinero.

¿Alguna vez te has detenido a pensar en cómo es que gastas *tus* recursos? Todo el día entero, de derecha a izquierda, gastamos, sin casi nunca detenernos a considerar qué es lo que se está gastando. Solamente estamos tratando de vivir de una manera que nos ayude a seguir y no agotarnos, o saltar la banca. La mayoría de las veces vivimos en una modalidad de todo en cuanto a mí: todas las cosas que tengo que lograr, todas las reuniones que tengo que asistir, todos los niños que tengo que cuidar, todas las cuentas que tengo que pagar, todas las horas que tengo que trabajar, todos los placeres que tengo que perder. ¿Cuándo fue la última vez que pensaste en dar todo ese tiempo, energía y dinero para ayudar a otra persona?

Por ejemplo, llamé a una amiga ayer con la esperanza de que pudiésemos tomar un café juntas. Resultó que ella estaba sumamente ocupada llenando un formulario para un examen médico que tenía que hacerse la próxima semana, así que le pregunté que cómo (o si) la podía ayudar. Me dijo: «No hay nada que puedas hacer, de veras. Necesito hacer todo esto apresuradamente, contestar varios correos electrónicos, hablar con mi sobrina por teléfono y estar lista en unos treinta minutos para salir a una reunión. Realmente necesito combustible para mi auto, pero no tengo tiempo para ir a la gasolinera».

¡Ah! Allí estaba mi luz verde. No la podía ayudar con todas esas otras cosas porque eran con ella solamente, pero ciertamente podía ponerle gasolina al auto. Así que le dije que estaría allí como en diez minutos. Manejé hasta su casa, me estacioné, tomé las llaves de su auto, lo llevé hasta la gasolinera y le llené el tanque de gas. Simplemente me encantó hacerlo. Me gusta mucho esa persona y la quería ayudar. Así que le di lo que tenía, de una sola tirada: tiempo, energía y dinero. Dicho y hecho.

De igual modo, dos semanas atrás, esa misma amiga sabía que yo necesitaba comestibles y mi rodilla artrítica me estaba molestando, así que continué dejándolo para otro día. Sin yo saberlo, ella fue al supermercado por mí: Consiguió dos bolsas de los comestibles que usualmente compro, me las trajo a la casa, me las puso en la refrigeradora solamente para ayudarme. Me regaló su tiempo, energía y dinero. Dicho y hecho. Uno de los secretos más simples para tener una vida feliz es dar tu propia vida. Eso te parecerá irónico, pero te estoy diciendo la verdad. Lamentablemente, en cuanto a dar se refiere, mucha gente llega vacía.

Es decir, con las manos vacías. Literalmente. No dan nada. Por favor, no seas así.

Dar puede expresarse de mil maneras; no tiene que involucrar dinero. Solo tienes que: Hacer una llamada, cortar el césped, limpiar la casa a alguien, cuidar niños, manejar tu auto cuando vas a algún lado con tu amiga, pagar por la comida, visitar a alguien en el hospital, llamar a casa, pasar tiempo con tu familia. Nosotras sabemos todas estas cosas. No necesito estar nombrándotelas. Son básicas. Y son universales. Pero, ¿estamos dando? ¿O estamos preguntándonos por qué deberíamos dar?

El autor Os Guiness contesta esa pregunta: «Damos porque se nos ha dado».

Te animo a que empieces a dar ahora si no es que no estás dando ya. Claro, un millón de excusas pueden estar pasándote por la mente, todo desde: «Me duelen los juanetes» o «Están pasando mi programa», hasta: «Después, cuando mis hijos crezcan» o «Después, cuando me jubile». Lo he oído todo. Y nada de eso pasa la prueba del buen razonamiento.

1 Corintios 12.5–6 dice que «A cada persona se le da algo que hacer que muestra quién es Dios: Todos participan, todos se benefician» [paráfrasis de la autora]. Imagínate siendo parte de algo que muestre quién es Dios. *Esa persona puedes ser tú.*

Guarda esto como tu lema y empieza hoy. Te aseguro que va a hacer toda la diferencia en tu vida: «Bienaventurados son los que pueden dar sin acordarse y recibir sin olvidarse».

{ CINCUENTA }

Vive con una actitud de gratitud

Varias semanas atrás encontré una nota que le había escrito a mi abuela cuando tenía ocho años de edad, dándole las gracias por un suéter que ella me dio. Con esta estaba una carta que le escribí a mi papá cuando yo estaba en la universidad, dándole las gracias por haberme enviado diez dólares para comprar un libro que quería. ¿Te estás preguntando por qué guardé esas notas? Quizá porque en el fondo soy una cachivachera o porque me gustan mucho las notas de agradecimiento. Probablemente sean ambas cosas. Cuando mis hermanos y yo éramos niños, se nos enseñó a escribir nuestras expresiones de agradecimiento a nuestros maestros, parientes y amigos. Todavía lo hacemos.

Hace más o menos un mes les di a mis dos hermanos copias del libro titulado: *Bonhoeffer*, escrito por el gran Eric Metaxas, un tomo de más de quinientas páginas que abarca cada pulgada de la vida de

Dietrich Bonhoeffer. Los tres lo leímos al mismo tiempo y comparamos notas. Al minuto en que cada uno de mis hermanos terminó de leerlo, me enviaron una nota de agradecimiento diciéndome qué les gustó acerca del libro y por qué significó tanto para ellos. Puse sus notas en mi copia del libro, las guardaré siempre.

Hay algo en la palabra *gracias* que el solo hecho de escucharla puede afectar la manera en que nos sentimos, actuamos y vemos la vida. No hay manera de comprobar eso, pero no me sorprendería si tengo cada una de las notas de agradecimiento que se me haya escrito. Están esparcidas a través de las páginas de mis diarios y, a menudo —años después— las leo una y otra vez. También me encanta escuchar la palabra *gracias* en cualquier lenguaje.

Solo agradecerle a él o a ella por su apoyo, dice mucho. Eso empieza en la infancia. ¿Te acuerdas de ese pequeño poema? «Si tú puedes contar conmigo y yo puedo contar contigo, piensa en lo maravilloso que va a ser este mundo».

Algún día, cuando mi vida se acabe, me gustaría ser recordada por tres cosas: que era gentil, generosa y agradecida. Si puedo lograr eso, sentiría como que he vivido una vida significativa y rica. Golda Meir dijo una vez: «Crea la clase de persona con quien estarías feliz de vivir por el resto de tu vida». Eso es lo que he tratado de hacer. Podemos tener dinero, fama, comodidad, pertenencias, títulos y todo lo que viene con cada una de esas cosas, pero si no somos generosos o agradecidos, no lograremos la meta de ser felices. Y si no tratáramos a otras personas con gentileza, nunca tendríamos amigos. Max Lucado lo dice de una manera hermosa: «La gente que hace la diferencia no es la que tiene credenciales sino la que tiene interés». ¡Predícalo, Max! No olvidemos nunca que la felicidad auténtica es independiente de las condiciones externas. Está basada en quiénes somos por dentro.

Mi día festivo favorito cada año es el Día de Acción de Gracias. Ese ha sido el caso desde que recuerdo porque el Día de Acción de Gracias no requiere más que corazones agradecidos. Todo lo que hacemos para celebrar ese día maravilloso es pensar en las cosas por las cuales estamos agradecidos, todas las que nos hacen felices de estar vivos. Ah, podemos decorar y preparar comida para nuestros amigos o parientes, o ir a la casa de ellos para cenar, pero la conmemoración está en la actitud de gratitud, un espíritu de felicidad que no se basa en las condiciones externas.

Mi oración es que todo el que esté leyendo este capítulo (lo que es más, este libro), experimente una vida abundante, llena de agradecimiento y amor. La mejor manera de describir mis esperanzas contigo ya fue escrita en Romanos 12.3, así que cierro mi último secreto con esto:

Les estoy hablando de la profunda gratitud por todo lo que Dios me ha dado, y especialmente porque tengo responsabilidades en relación con ustedes. Viviendo entonces, como cada uno de ustedes lo hace, en pura gracia, es importante que no se malinterpreten como si es que ustedes le están trayendo esta bondad a Dios. No, él es el que les da todo. La única manera precisa de entendernos es por lo que Dios es y por lo que hace por nosotros, no por lo que somos o lo que podemos hacer por él. [paráfrasis de la autora]

Que el Señor te dé una vida larga y feliz, llena hasta el tope, de gracia y gratitud.

Acerca de la autora

Nadie se divierte más que Luci Swindoll. Está llena de anhelos, diversión y un sentido de aventura que no cesa. Su abundante amor por la vida la ha llevado a través de su carrera como ejecutiva de la Corporación Mobil Oil (mucho antes de convertirse en EXXON Mobil), quince años como corista con la Ópera de Dallas y vicepresidenta de Relaciones Públicas en el ministerio de su hermano, Chuck Swindoll, Visión para vivir.

Como una de las conferencistas originales de Women of Faith, Luci ha estado inspirando a mujeres en conferencias a través de Estados Unidos, por dieciséis años. Ha viajado a cincuenta y tres países y (en sus propias palabras), «habla suficiente italiano y alemán como para conversar con amigos y ordenar el almuerzo». Es autora de más de una docena de libros y guías de estudios.

Vive en Texas en una casa que ella diseñó, que es parte galería de arte, parte biblioteca, parte estudio y toda Luci.

9 781602 557567